SCHEDULE BOOK
Custom i Study

手帳の使い方

問題集も遊びも自分で予定を立てちゃおう！
1年使うと自分だけのオリジナル手帳ができるよ♡

今月のポイント：今月ゲットしたポイント
ちょきんポイント：先月までのポイント＋今月のポイント

Monthly Schedule

4月

今月のポイント 23 ポイント → ちょきんポイント 23 ポイント

今月の「月」と「日」を書きこんでね♪
月の初めに、カレンダーを見ながら書くといいよ☆

月	火	水	木
		ピアノ 17:00〜18:00	
3 さんすう①	4 まゆちゃんの家ぞくとお花見 せいかつ①	5 ピアノ 17:00〜18:00 こくご②	6 新学き さんすう
10 さんすう③	11 テスト かん字のテスト せいかつ③	12 ピアノ 17:00〜18:00 こくご④	13 さんすう
17 さんすう⑤	18 せいかつ⑤	19 テスト ピアノ 17:00〜18:00 こくご⑥	20 さんすう
24	25 つ⑦	26 ピアノ 17:00〜18:00 こくご⑧	27 まゆちゃんとあ さんすう

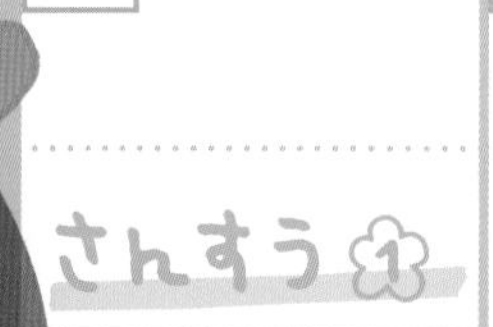

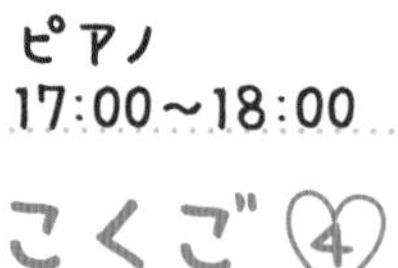

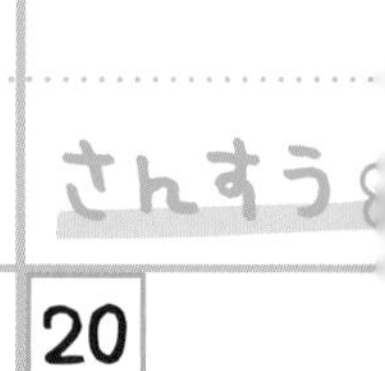

ポイントについて

宿題やお手伝い、習い事など、問題集以外にもポイントにできることを、おうちの方といっしょに話し合ってみてね☆

カスタムアイスタディのスケジュール

1週間ごとに計画を立てて、教科と問題番号を書いてね♪
クリアしたら、ペンやマーカーでチェック！
1問クリアで1ポイントゲットできるよ☆
見本ページは毎日コツコツタイプのモデルコースだよ！

i STUDY

HOW TO MAKE A SCHEDULE

今月の自分ルールを決めるよ！
クリアできたらシールをはってね♥

マイルール　クリアできたらシールをはろう!

1日1回は家のおてつだいをする！
ピアノのはっぴょう会をがんばる！

MY SCHEDULE

4

インデックスのシールをはってね☆

金	土	日
	1	2
ばあちゃんの でごはん♡	カスタムアイスタディをゲット！	スタート!! こくご 1
	8 おでかけ	9
いかつ 2	ママとおかいもの	まゆちゃんとあそぶ こくご 3
	15 イベント	16
いかつ 4	パパとママとたくやと BBQ!!!	こくご 4 5
	22	23
いかつ 6	ピアノのはっぴょう会	こくご 7
	29	30 りょこう
いかつ 8	家ぞくできょうと旅行	

フリースペース

カスタムもおてつだいもがんばるぞー！！

どんな一週間だった？→

新学きはじまった✨
まゆちゃんと同じクラスでうれしい！

かん字のテストがあまりできなかった…。つぎはがんばる！！！

ピアノのはっぴょう会、
よくがんばりました。
とても上手でしたよ。
ママより

今月のマイルールぜんぶクリアしたよ
はお寺がすごか

😄🙂😣のところは、ぬったりなぞったりして、1週間をふりかえろう！
メッセージをもらってもいいよ！自由に使ってね☆

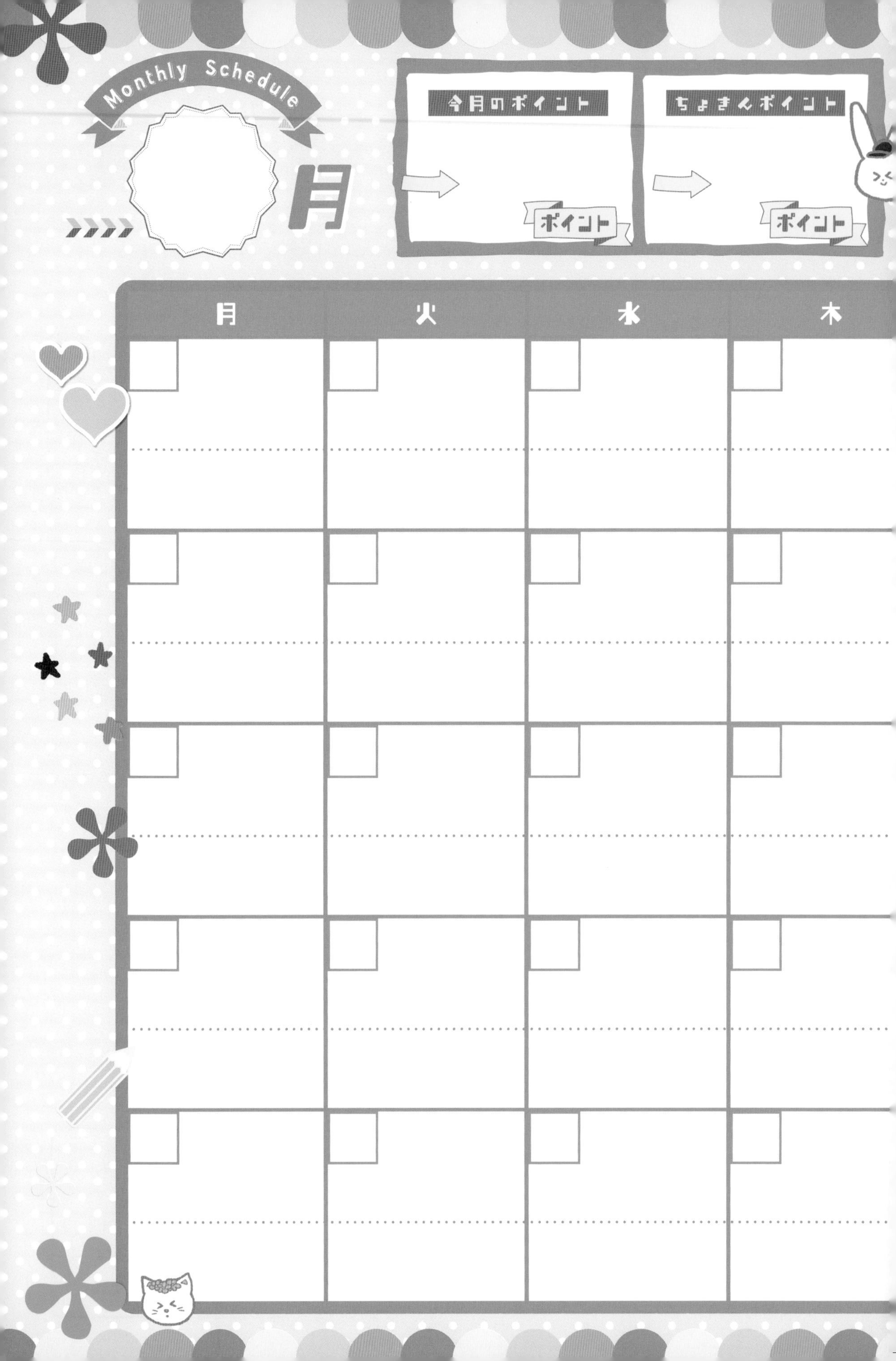
Monthly Schedule
月
今月のポイント
ちょきんポイント
ポイント
ポイント
月
火
水
木

マイルール
クリアできたらシールをはろう!
MY SCHEDULE
金
土
日
どんな一週間だった?

Monthly Schedule

月

今月のポイント

ポイント

ちょきんポイント

ポイント

月	火	水	木

マイ ルール
クリアできたらシールをはろう!
MY SCHEDULE
金
土
日
どんな
一週間だった?

Monthly Schedule
月
今月のポイント
ちょきんポイント
ポイント
ポイント
月
火
水
木

マイ ルール
クリアできたらシールをはろう!
MY SCHEDULE
金
土
日
どんな一週間だった?

Monthly Schedule

月

今月のポイント

ポイント

ちょきんポイント

ポイント

月	火	水	木

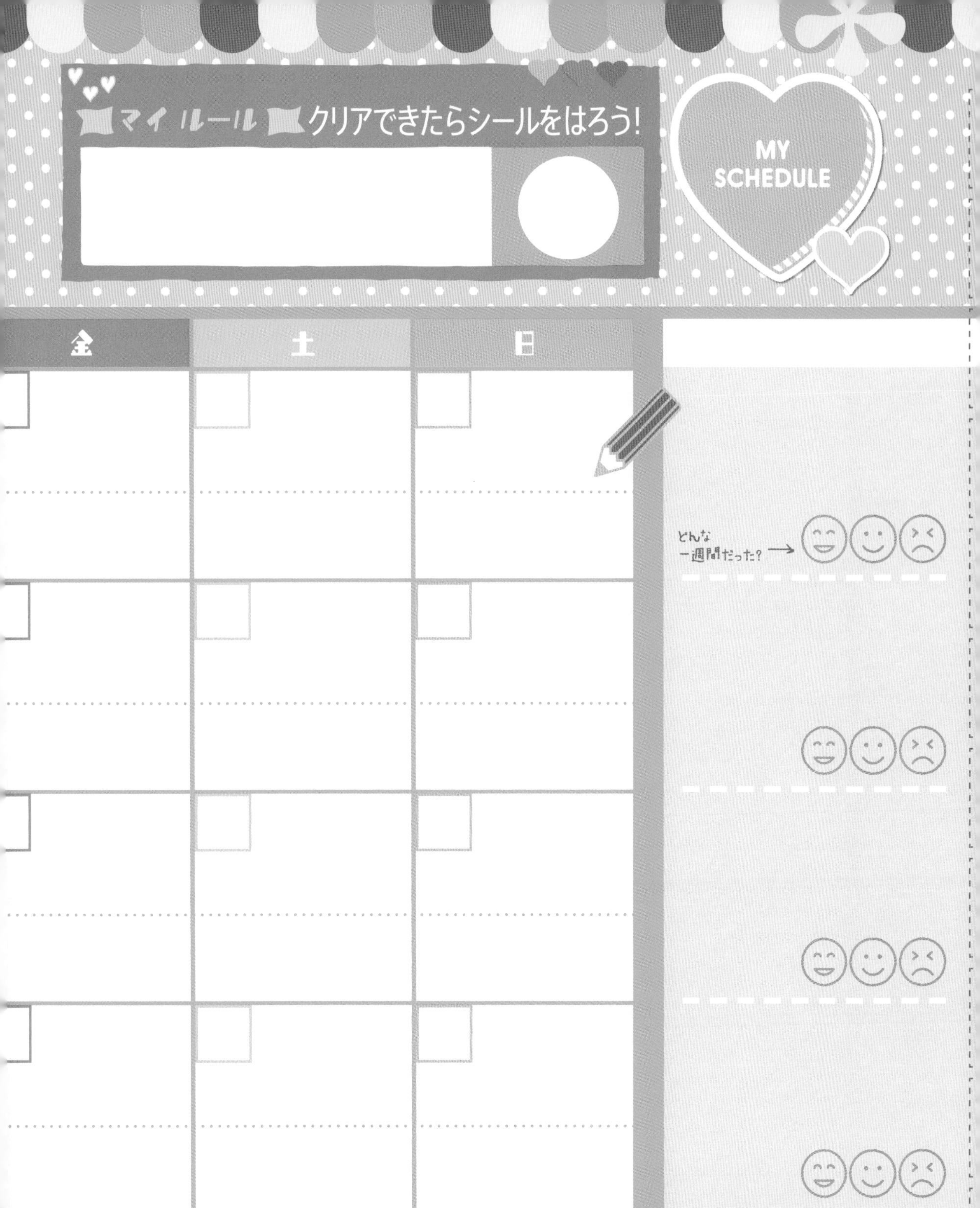
マイルール
クリアできたらシールをはろう!
MY SCHEDULE
金
土
日
どんな一週間だった?

Monthly Schedule
月
今月のポイント
ポイント
ちょきんポイント
ポイント
月
火
水
木

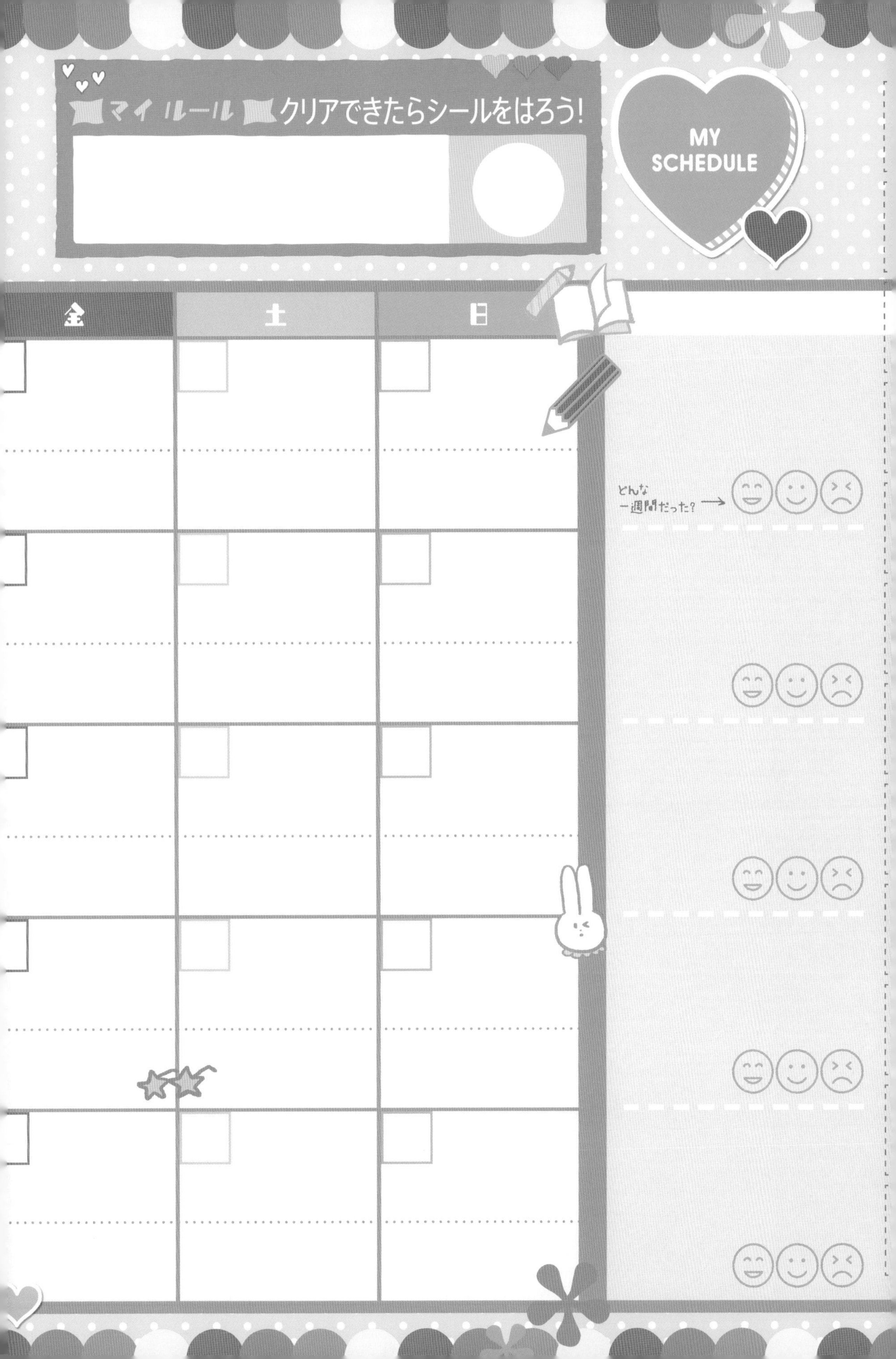

マイ ルール
クリアできたらシールをはろう!
MY SCHEDULE
金
土
日
どんな一週間だった?

Monthly Schedule
月
今月のポイント
ポイント
ちょきんポイント
ポイント
月
火
水
木

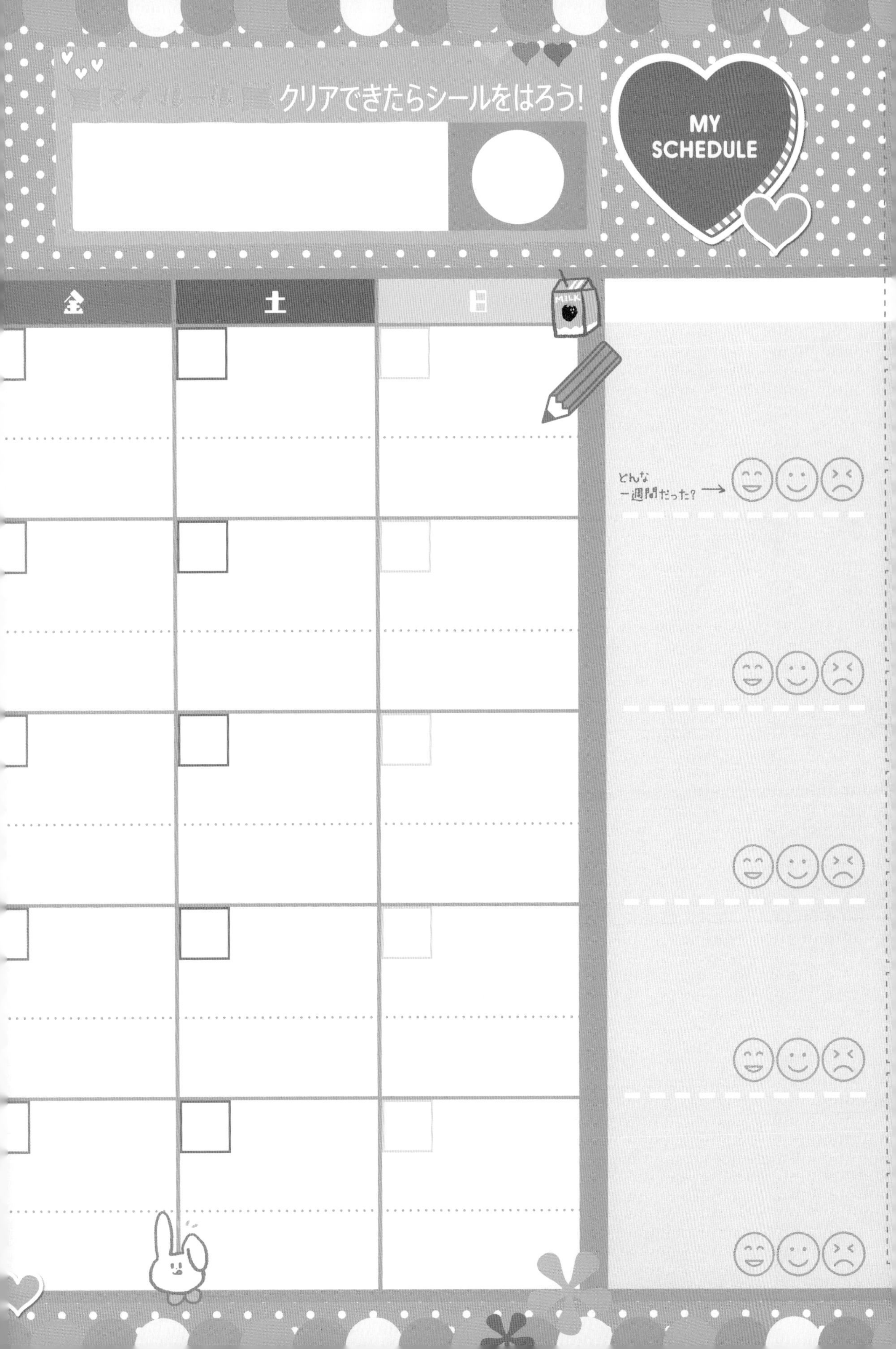

マイシール
クリアできたらシールをはろう!
MY SCHEDULE
金
土
日
MILK
どんな
一週間だった?

Monthly Schedule
月
今月のポイント
ポイント
ちょきんポイント
ポイント
月
火
水
木

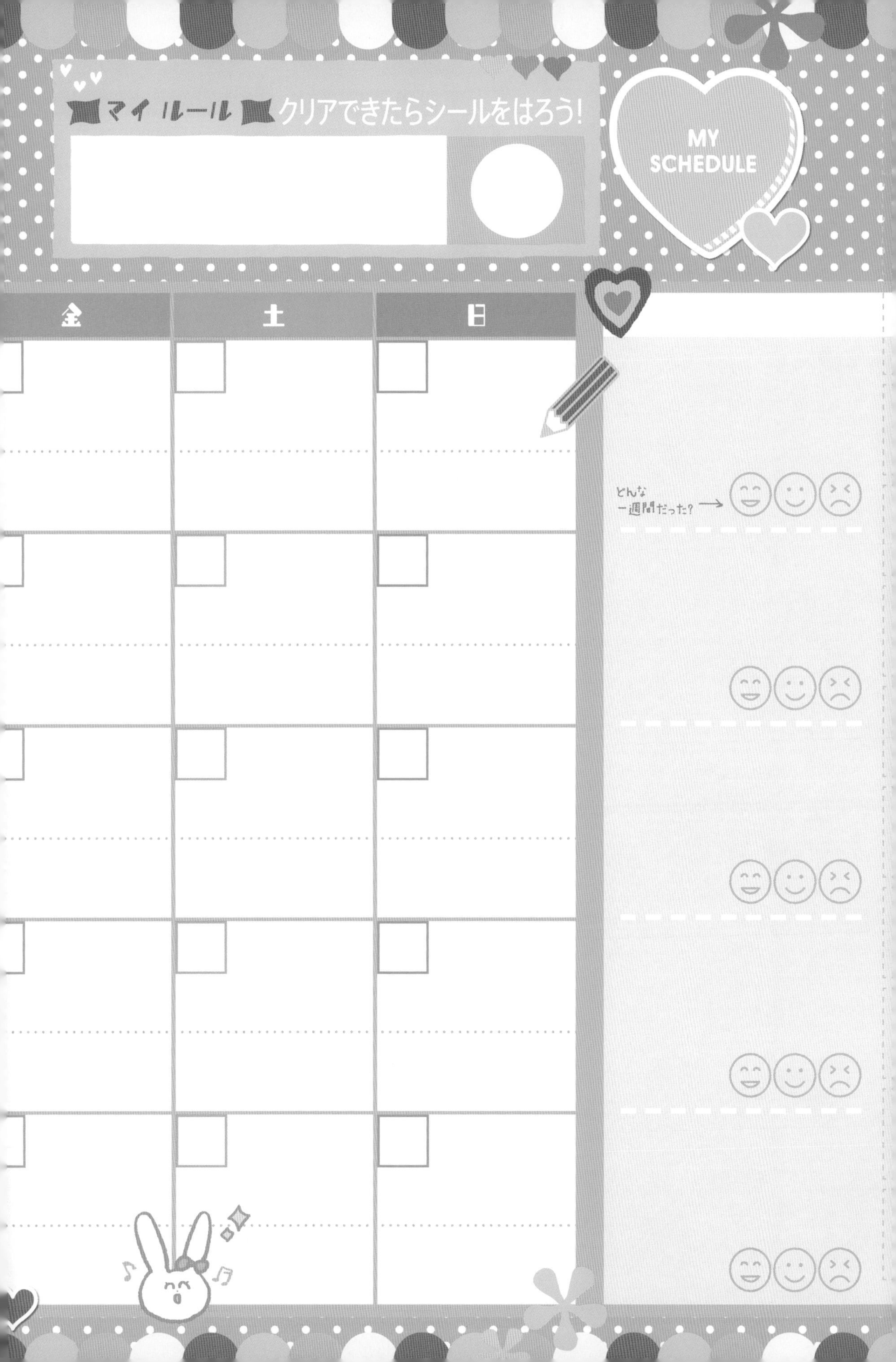
マイルール
クリアできたらシールをはろう!
MY SCHEDULE
金
土
日
どんな一週間だった?

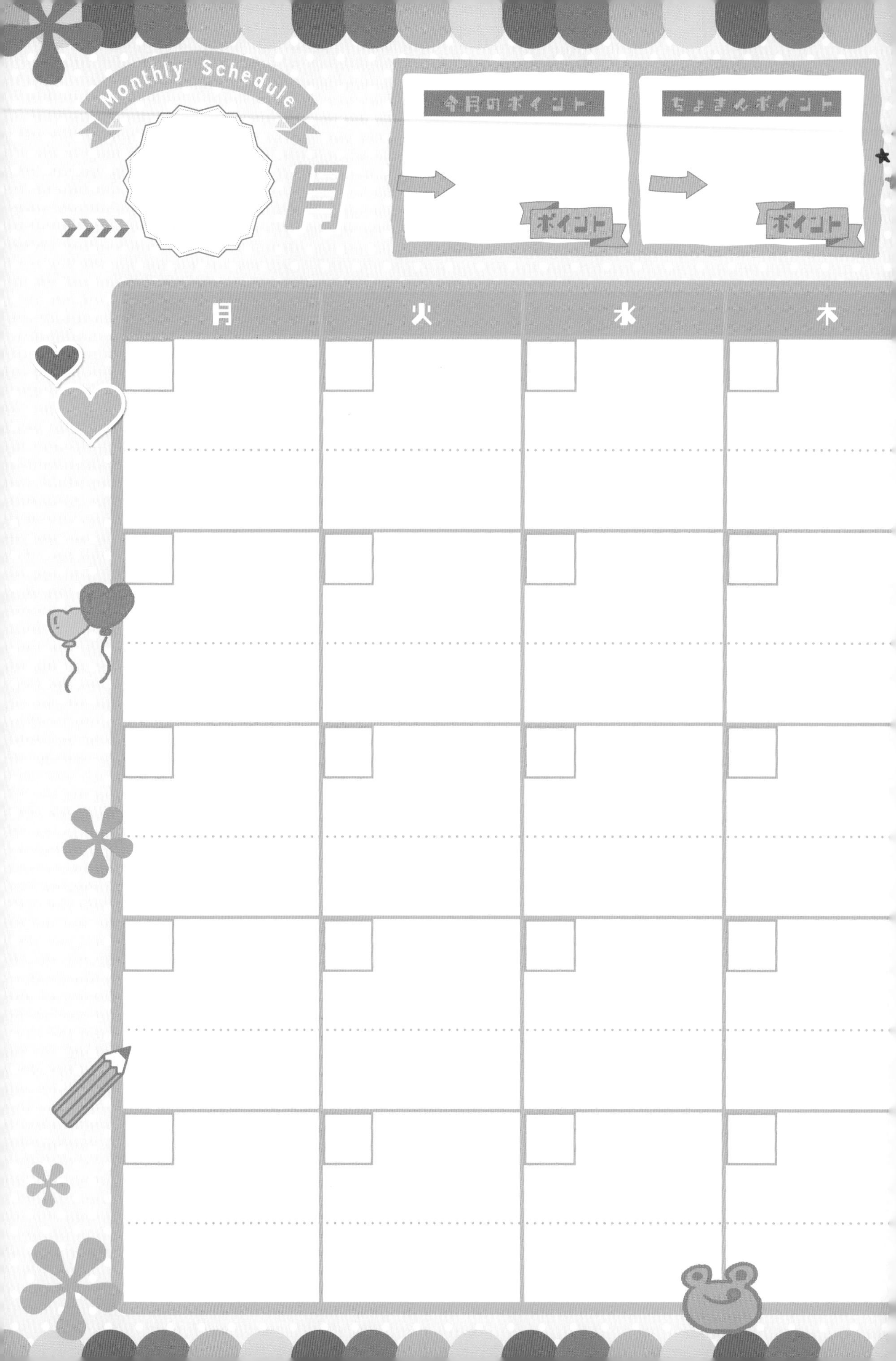
Monthly Schedule
月
今月のポイント
ポイント
ちょきんポイント
ポイント
月
火
水
木

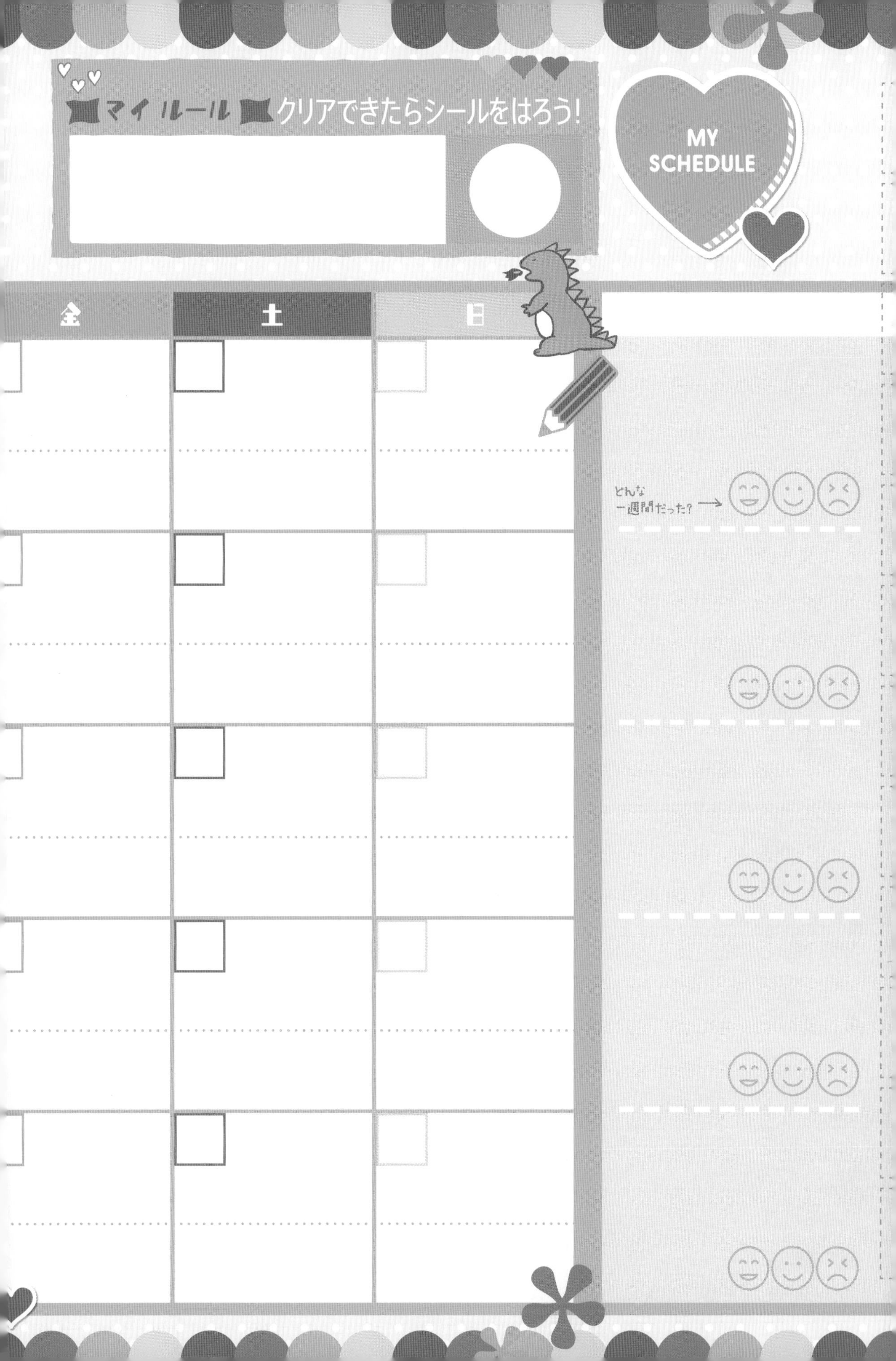
マイ ルール
クリアできたらシールをはろう!
MY SCHEDULE
金
土
日
どんな
一週間だった?

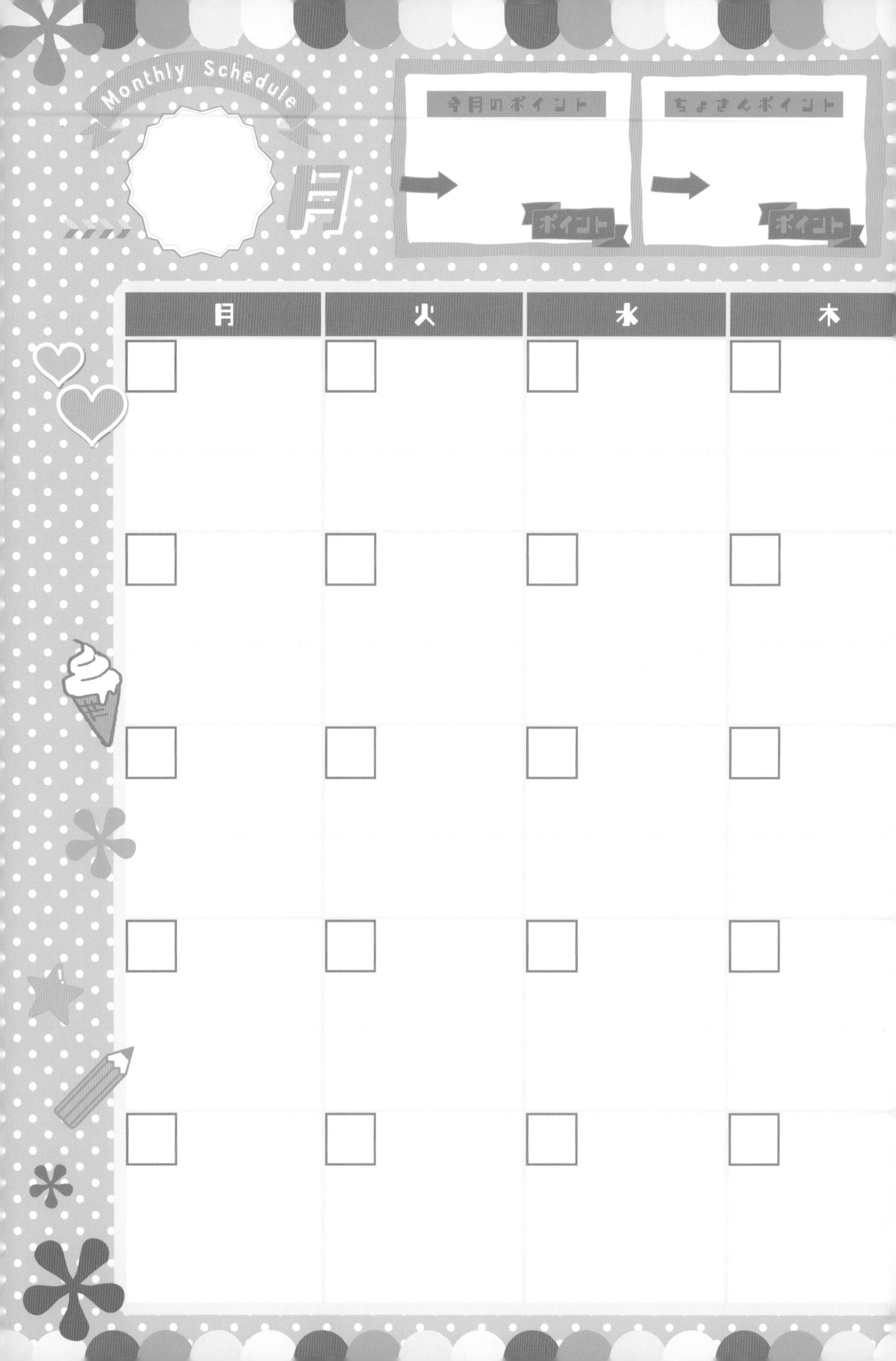

Monthly Schedule
月
今月のポイント
ちょきんポイント
ポイント
ポイント
月
火
水
木

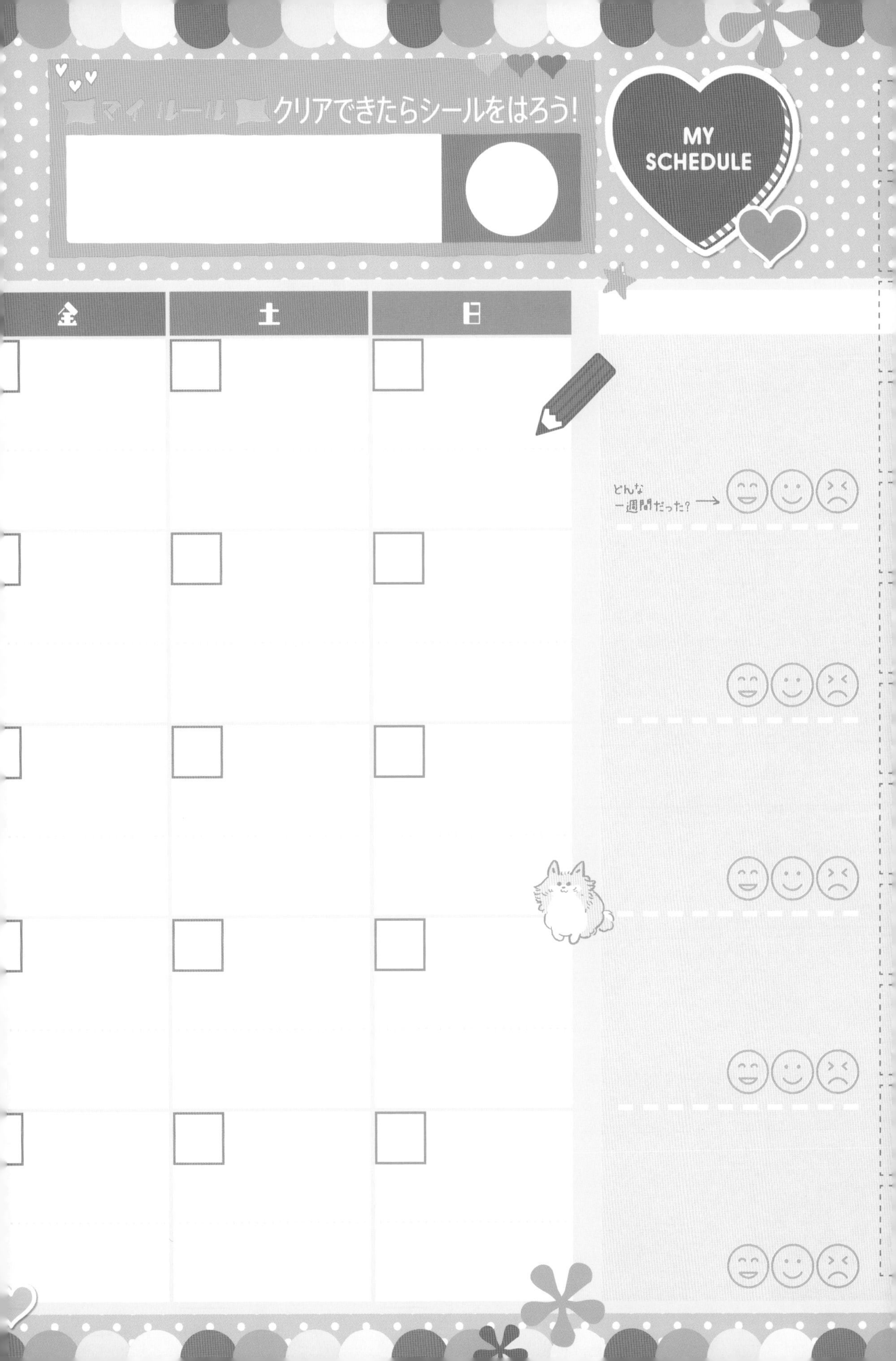
マイルール
クリアできたらシールをはろう!
MY SCHEDULE
金
土
日
どんな
一週間だった?

Monthly Schedule
月
今月のポイント
ちょきんポイント
ポイント
ポイント
月
火
水
木

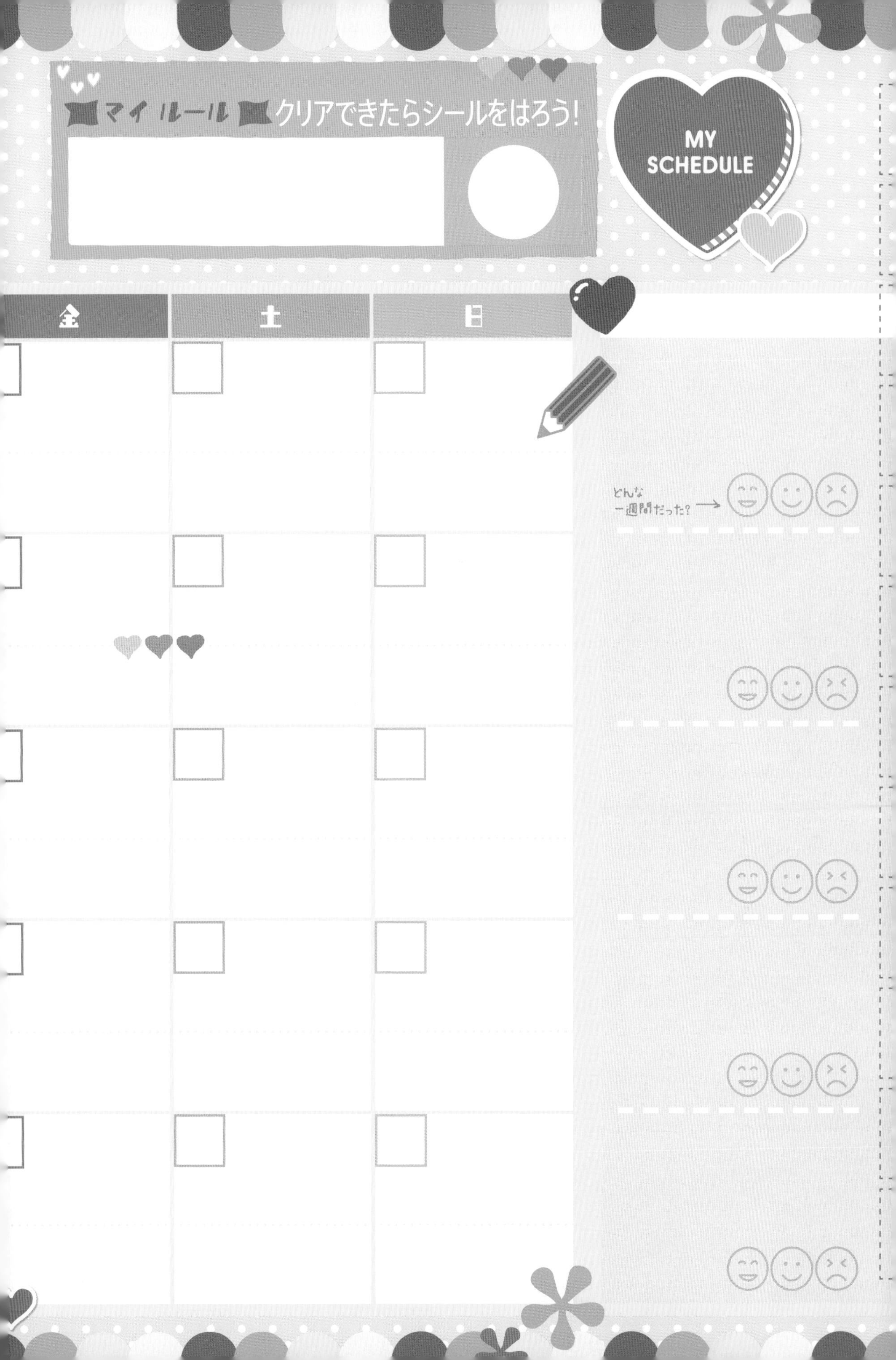
マイルール
クリアできたらシールをはろう!
MY SCHEDULE
金
土
日
どんな一週間だった?

Monthly Schedule
月
今月のポイント
ポイント
ちょきんポイント
ポイント
月
火
水
木

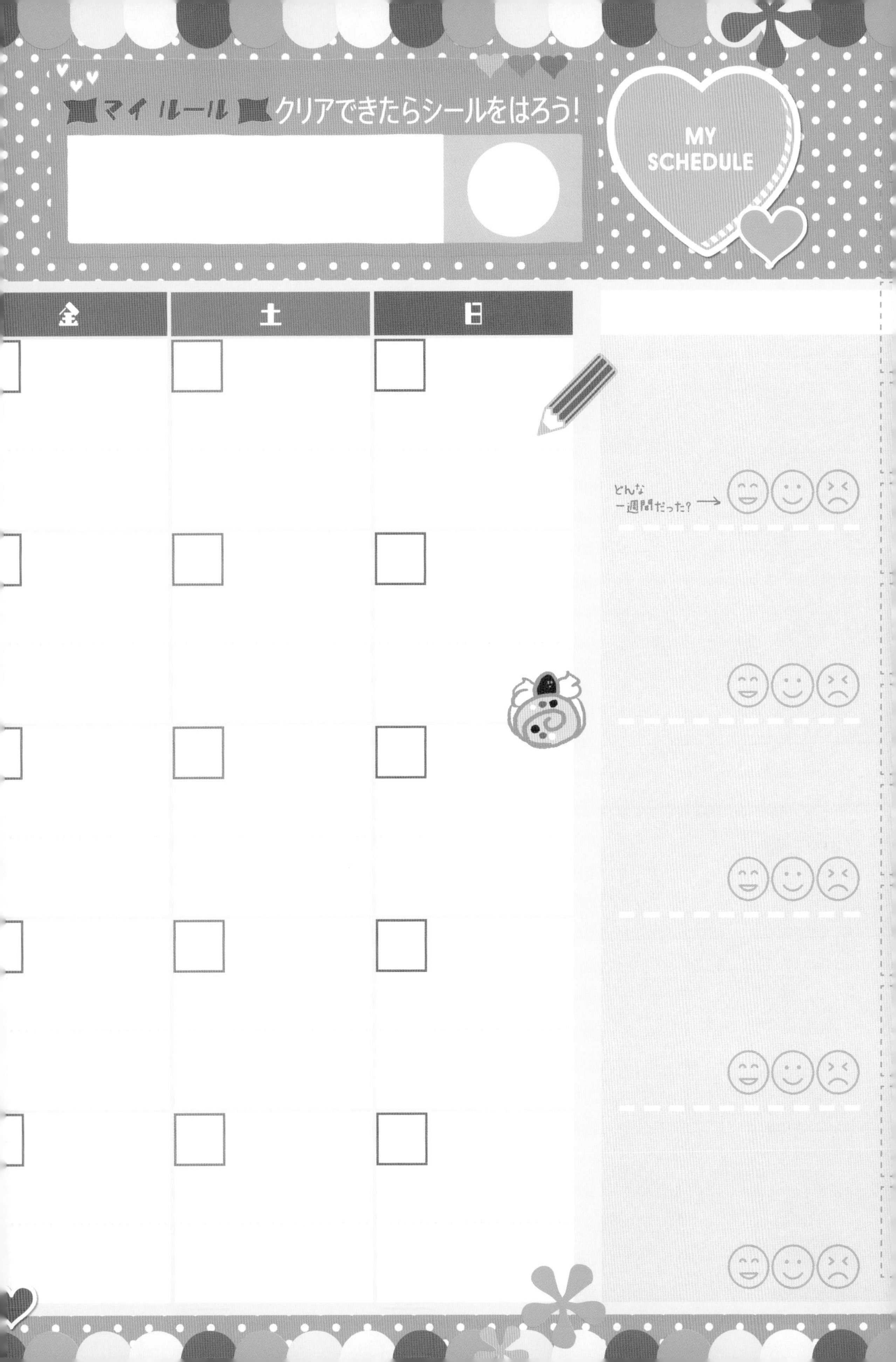
マイ ルール
クリアできたらシールをはろう!
MY SCHEDULE
金
土
日
どんな一週間だった?

Monthly Schedule
月
今月のポイント
ポイント
ちょきんポイント
ポイント
月
火
水
木
MILK

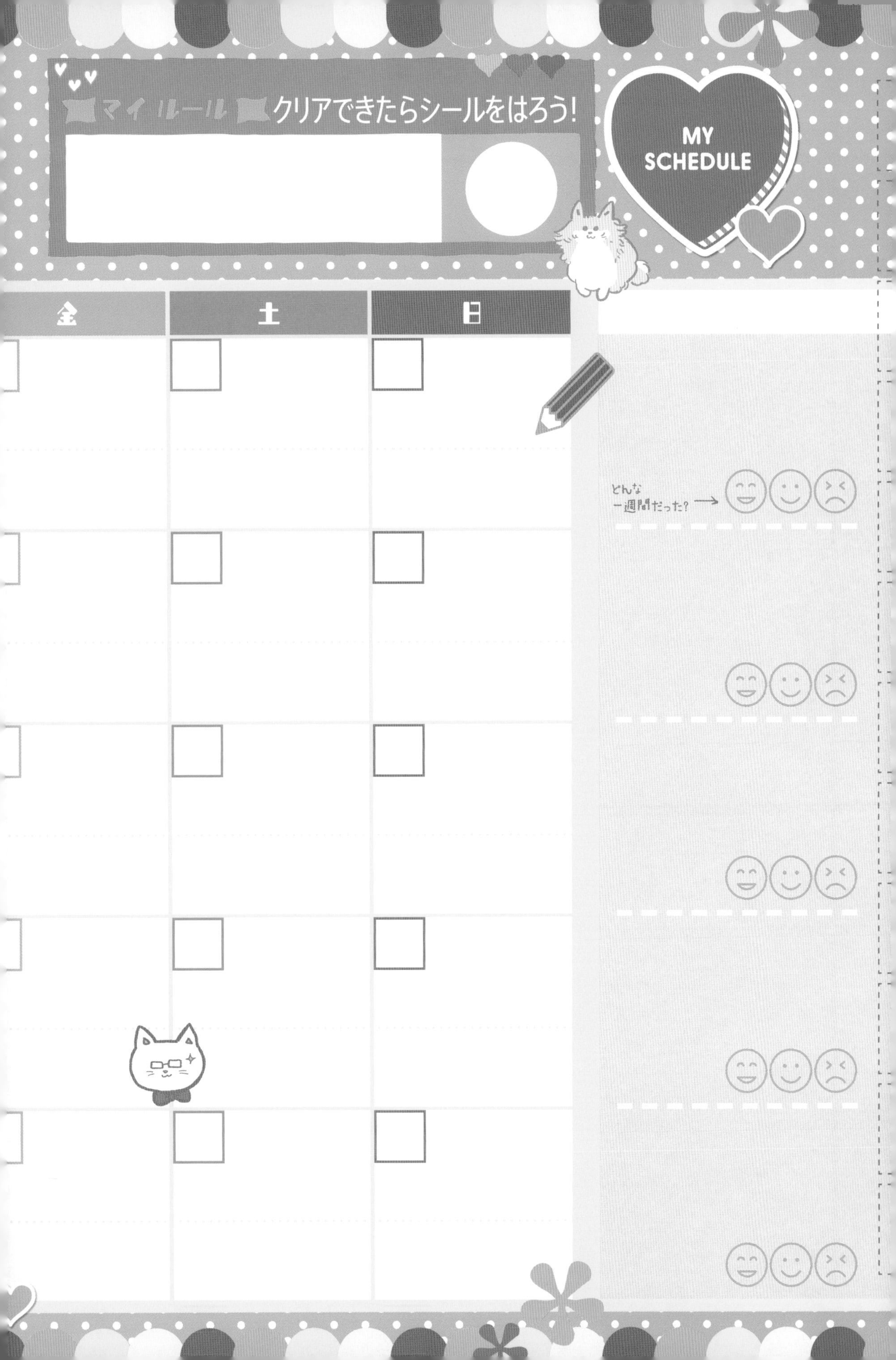
マイルール
クリアできたらシールをはろう!
MY SCHEDULE
金
土
日
どんな
一週間だった?

MEMO

MEMO
MEMO

MEMO

MEMO
MEMO

MEMO

MEMO
MEMO

My PROFILE

名前

ニックネーム

じゅうしょ

プリクラ・似顔絵

電話番ごう

メールアドレス

たんじょうび　年　月　日

けつえきがた　がた

TIMETABLE

♥時間わり♥

	月	火	水	木	金
1					
2					
3					
4					
5					
6					
ほうか後					

♡クラブ♡

♡かかり♡

A

NAME

カスタムアイスタディ シール

★手ちょうインデックス：かく月のはじまりに、シールを半分におってページをはさんではってね

CUTE!

★手ちょうシール：手ちょうによていを書きこむときにつかってね

★じゆうにつかってね！手ちょうのチェックシールとしてもつかえるよ！

CUTE!

WOW!

CUSTOM i STUDY

カスタム アイ スタディ

小2

| 国語 | 算数 | 生活 |

about CUSTOM i STUDY

『カスタムアイスタディ』は、おしゃれが大スキな小学生のための問題集だよ！
おうちの方といっしょに、問題集・付録の使い方や、特集ページを読んでみてね☆

CONCEPT

1 小学2年生で習う3教科の基本が、この1冊で学べちゃう♪

2 「ニコ☆プチ」コラボの特集ページでやる気UP↑↑

3 手帳に予定を書きこんで、勉強も遊びも自分でカスタム☆

もくじ

問題集の使い方

すべての教科で、1単元1～2ページの構成になっているよ。
1ページに1～2つの大きな問題があるから、1日に取り組む問題の数を
自分で決めることができるね。取り組むペースに迷ったら、
5ページの「スタディタイプ診断」で、自分にぴったりなコースを見つけよう！

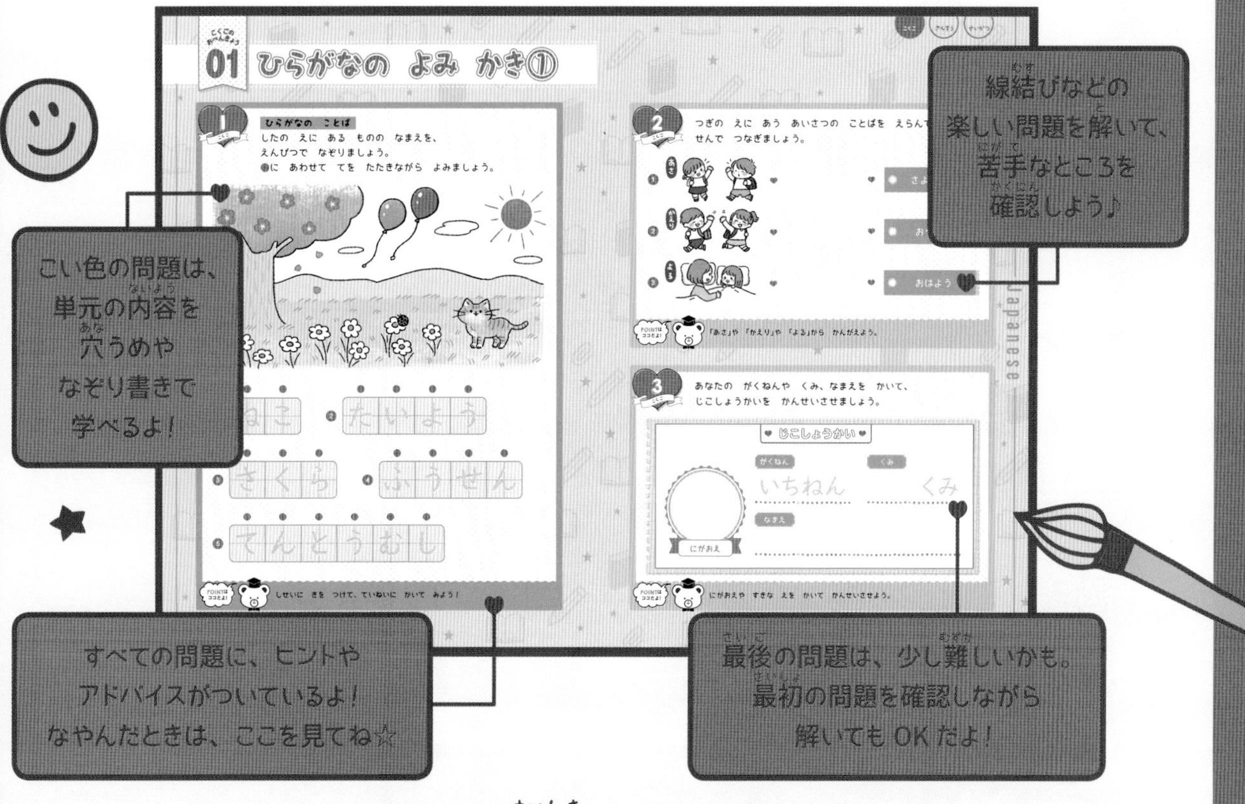

いろんな問題形式で楽しく学べちゃう♪

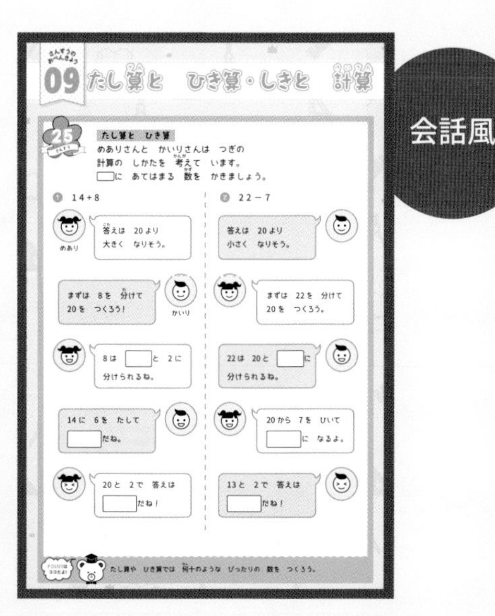

会話風

ノート風

手帳・シールの使い方

1週間ごとに問題集に取り組む予定を書きこんで、
クリアしたものをチェックしていくよ！
予定シールやデコシールをはって、自分だけのオリジナル手帳にカスタムしよう☆

スケジュール

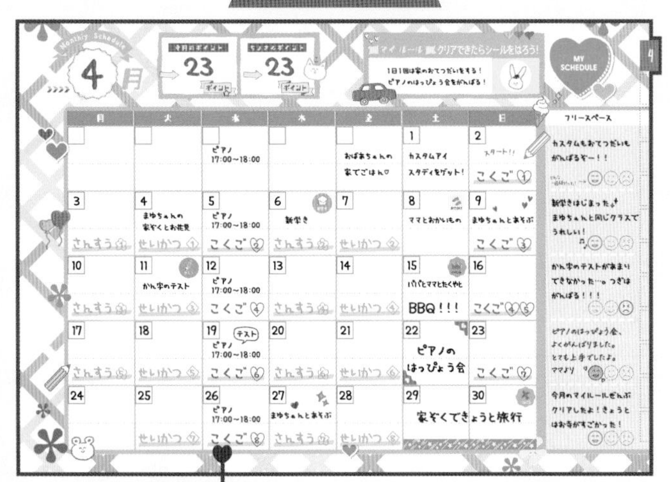

How To Use

1 1週間分の予定を書きこむ。

遊びや習いごとの予定も書いちゃお☆

↓

2 その日クリアした予定をチェックする。

ペンやマーカーでかわいくデコろう♪

↓

3 1週間をふりかえる。

がんばった自分をほめてあげてね！

その日取り組む
問題番号を書きこむよ♪

シール

メモ

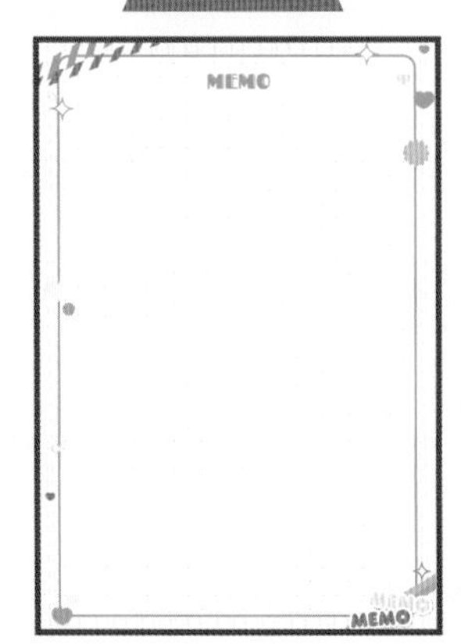

お絵かきやちょっとした
メモ書きに。自由に使ってね♪

プロフィール

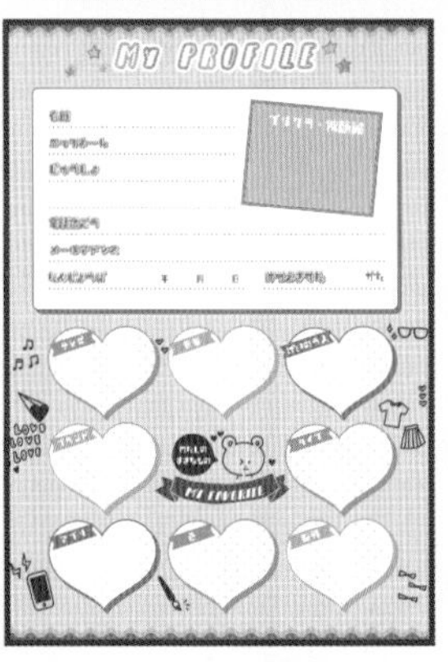

覚えておきたい情報や、
自分の成長の記録にもなるよ☆

時間割

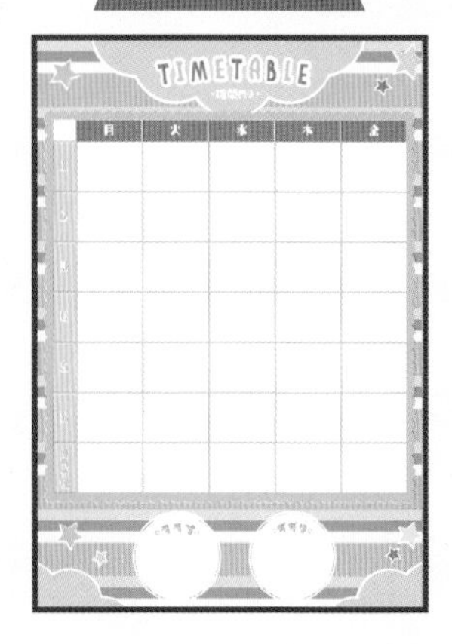

スケジュールをたてるために、
時間割のチェックは大事！

「カスタムアイスタディ」をGETしたけど
最後まで続けられるかな?

自分にぴったりの
「スタディタイプ」を見つけてね☆

「スタディタイプ診断」で「YES」「NO」に答えて
それぞれのタイプのスケジュールのたて方や
勉強テクをマネしてみよう!

スタディタイプ診断

START

- **流行のファッションをチェックしている**
  - Yes ↓ 好きなものは最初に食べるほう?
  - No → 負けずぎらいなほうだ
- **負けずぎらいなほうだ**
  - Yes → 予定を立てるのはニガテ
  - No ↓ かわいいよりかっこいいっていわれたい!
- **予定を立てるのはニガテ**
  - Yes ↓ めんどう見がいいってよくいわれる
  - No ↙ かわいいよりかっこいいっていわれたい!
- **好きなものは最初に食べるほう?**
  - Yes ↓ どちらかというとあまえるのが上手
  - No → かわいいよりかっこいいっていわれたい!
- **かわいいよりかっこいいっていわれたい!**
  - Yes ↓ その日に必ずやることを決めている
  - No ↙ どちらかというとあまえるのが上手
- **めんどう見がいいってよくいわれる**
  - Yes ↙ その日に必ずやることを決めている
  - No ↓ 今、習いごとに夢中!
- **どちらかというとあまえるのが上手**
  - Yes ↓ 毎日コツコツタイプ
  - No ↘ サクサク先どりタイプ
- **その日に必ずやることを決めている**
  - Yes ↓ サクサク先どりタイプ
  - No ↙ 毎日コツコツタイプ
- **今、習いごとに夢中!**
  - Yes ↓ 夢も勉強も欲ばりタイプ
  - No ↙ サクサク先どりタイプ

毎日コツコツタイプ

自分のペースで少しずつ進めるタイプのあなたは、毎日1題ずつ取り組んでみよう! 約半年でマスターできるよ☆

▶ p.006-007

サクサク先どりタイプ

あれもこれもちょう戦したいタイプのあなたは、毎日2題ずつ取り組んでみよう! 約3ヶ月でマスターできるよ☆

▶ p.008-009

夢も勉強も欲ばりタイプ

やりたいことに一生けん命なあなたは、1週間に4題取り組んでみよう! 約1年でマスターできるよ☆

▶ p.010-011

マイペースに少しずつ！
毎日コツコツタイプ
読書もピアノも
毎日少しずつ!!
1ヶ月でデキル子に
なる!!
すごーい!!
この日は朝から
がんばっちゃった
わたしの一日
月～金のスケジュール
おきる
7:00
お花の水やり→
朝ごはん→通学
8:00
学校
15:00
学校のHW・おやつ
17:00
ピアノのおけいこ
18:00
帰る
18:30
夕ごはん
19:30
カスタム
20:00
おふろ
21:00
読書
21:30
ねる
Monthly Schedule
4月
今月のポイント
23
ちょきんポイント
23
ポイント
月
火
水
木
ピアノ 17:00～18:00
3
4
まゆちゃんの 家ぞくとお花見
5
ピアノ 17:00～18:00
6
新学き
さんすう①
せいかつ①
こくご②
10
11
テスト
かん字のテスト
12
ピアノ 17:00～18:00
13
さんすう③
せいかつ③
こくご④
17
18
19
テスト
ピアノ 17:00～18:00
20
さんすう⑤
せいかつ⑤
こくご⑥
24
25
26
ピアノ 17:00～18:
27
さんすう⑦
せいかつ⑦
この日、めっちゃ
スッキリねむれたなぁ。
なんでだろう？
!?
ねる前の読書が
いいのかも？！
Point!!
毎日1問ずつ
解いていくのがポイント
時間を決めておくといいかも？
わたしはおふろの前！

「毎日コツコツタイプ」さんのトクチョウ

#マイペース　#あまえ上手

友だちから「マジメ」「字がキレイ」とよく言われる！
そんなアナタは、自分のペースで努力を続けることができるはず☆
小さなコツコツを積み重ねて、１年後にはもっとステキな自分になろう！

勉強や習いごとをがんばった日は、
ペンやシールでかわいくデコって、自分をほめちゃおう☆

マイルール　クリアできたらシールをはろう！

1日1回は家のおてつだいをする！
ピアノのはっぴょう会をがんばる！

MY SCHEDULE

4

金	土	日
…ちゃんの ごはん♡	1 カスタムアイ スタディをゲット！	2 スタート！！ こくご①
かつ②	8 おでかけ ママとおかいもの こくご③	9 まゆちゃんとあそぶ
かつ④	15 イベント パパとママとたくやと BBQ！！！	16 こくご⑤
かつ⑥	22 ピアノの はっぴょう会	23 こくご⑦
かつ⑧	29 家ぞくできょうと旅行	30 りょこう

フリースペース

カスタムもおてつだいも がんばるぞー！！
どんな一週間だった？→

新学きはじまった☆ まゆちゃんと同じクラスで うれしい！

かん字のテストがあまり できなかった…。つぎは がんばる！！！

ピアノのはっぴょう会、よくがんばりました。とても上手でしたよ。ママより

今月のマイルールぜんぶ クリアしたよ！きょうと はお寺がすごかった！

土・日のスケジュール

	おきる
8:30	朝ごはん→したく
10:00	ママとおかいもの！
14:00	きゅうけい！
15:00	ピアノの練習
16:00	パパとたくやとおさんぽ
17:00	夕ごはんのおてつだい
18:00	夕ごはん
19:00	学校のHWとカスタム
20:00	おふろ
21:00	ドラマを見る
22:00	ねる

勉強のおまもり買ってもらった！
これでかしこくなるぞー！

休みの日も
しっかりコツコツ！

がんばれ！

いろんなことに興味シンシン！
サクサク先どりタイプ
Good Point 1
朝の時間もがんばっててスゴイ！
朝もカスタムをがんばるってきめてるの！
今月はイベントがいっぱい！メリハリつけてがんばるぞ〜
月〜金のスケジュール
おきる
7:00
カスタム
7:30
朝ごはん→通学
8:00
学校
15:00
学校のHW
16:00
えい会話
17:30
きゅうけい！
18:30
夕ごはん
19:30
おふろ
20:00
テレビ見ながら家ぞくとおしゃべり
21:30
ねる
Monthly Schedule
5月
今月のポイント 41 ポイント
ちょきんポイント 76 ポイント
月 火 水 木
1 こくご 14 さんすう 14
2 こくご 15 さんすう 15
3 おじいちゃんの
4
8 こくご 17 さんすう 17
9 えい会話 16:00〜17:30 せいかつ 11
10 おこづかい日♡ こくご 18 さんすう 18
11 こくご さんすう
15 こくご 21 さんすう 21
16 テスト えい会話 16:00〜17:30 せいかつ 13
17 こくご 22 さんすう 22
18 こくご さんすう
22 こくご 25 さんすう 25
23 えい会話 16:00〜17:30 せいかつ
24 遠足 遠足
25 こくご さんすう
29 28
30 えい会話 16:00〜17:30 せいかつ 18
31 テスト 音楽のテスト！ こくご 29 さんすう 29
少しずつえい語を話せるようになってきた！
カッコイイ〜
ミュージカルを見に行くんだって！楽しみ〜〜♪

『サクサク先どりタイプ』さんのトクチョウ

#できるコ　#たよれるリーダー

しっかり者で「かっこよくなりたい」コが多いタイプ！
アナタはきっと、自分みがきをがんばる努力家なはず☆
もっとデキル自分になるために、小さな目標を決めるといいよ♪

約束やイベントがある日をカラフルにデコっちゃおう♡
その日にむかって、やる気もアップ！

どんなことでも一生ケンメイ！
夢も勉強も欲ばりタイプ
#Morning Routine♡
スッキリめざめて
1日ゲンキ！！
おはよ〜！
Good Point！
朝から
エネルギッシュ！
今月はうんどう会！
1番になるために
がんばるよ！
月〜金のスケジュール
おきる
7:00
ランニング
7:30
朝ごはん→通学
8:00
学校
15:00
きゅうけい！
16:00
バレエの練習
17:00
夕ごはんのおてつだい
→夕ごはん
18:30
学校のHWとカスタム
19:30
おふろ
20:30
テレビ見ながらストレッチ
21:30
ねる
やらない日があってもOK！！
ムリのないペースで
がんばろう！
#Night Routine
毎日つづけて
やわらかく
するぞー！！
Monthly Schedule
9月
今月のポイント
17ポイント
ちょきんポイント
97ポイント
月 火 水 木
3 しんがっき！ さんすう33
4 せいかつ17 こくご34
5 ゆうくんの家でゲーム大会！
6 じゅく 17:30〜19
10 こくご35
11 さんすう35
12 じゅくのテスト べんきょう！！
13 じゅく 17:30〜19
17 さんすう36
18 せいかつ19
19 本屋かいにいく！ こくご37
20 じゅく 17:30〜19
24 こくご38
25 さっきーバースデー さんすう38
26 こくご39
27 じゅく 17:30〜19
読みたい本があったから
一気読みしちゃった！
そのかわりに、土曜日に
がんばったよ！！

『夢も勉強も欲ばりタイプ』さんのトクチョウ

＃めちゃパワフル　＃カラダが先に動いちゃう

エネルギッシュで、「やりたい！」と思ったことはすぐに行動しちゃう！
自分がやりたいことは、先にしちゃってOK♪
後回しにしたことも、ちゃんとカバーできる人になっちゃおう★

「勉強できなかった」日は、夜のうちにスケジュールを見直して、かわりの日をすぐ決めちゃおう！

マイルール　クリアできたらシールをはろう！
うんどう会のかけっこで1番になる！
じゅくのテストで90点とる！

MY SCHEDULE

Welcome

金	土	日
	1 こくご 33	2
エ ~18:30	8 おばあちゃん家 →あみとあそぶ さんすう 34	9 おかいもの
エ ~18:30	15 こくご 36 せいかつ 18	16 おでかけ えいがみる！
エ ~18:30	22 こくご 37 さんすう 37	23 おでかけ 水ぞくかん
エ ~18:30	29 うんどう会 うんどう会	30

フリースペース

夏休みがおわって少しさびしい…。でも学校はたのしい♡
どんな一週間だった？

みんなと毎日会えるのがたのしい！でも、しゅくだいはイヤかも…。

じゅくのテストで100点だった♡ テストべんきょうしてよかった！

水ぞくかん楽しかった！ジンベイザメにのってみたいなあ。

かけっこで1番だったね！べんきょうもスポーツもがんばっててステキだよ！

9

さすが！

この週はお母さんにほめられたよ◇

土・日のスケジュール

	おきる
9:00	朝ごはん→したく
10:00	おばあちゃんの家にいく
12:00	お昼ごはん
13:00	友だちとあそぶ
17:00	じゅくのHWとカスタム
18:30	夕ごはん
19:30	お母さんとおさんぽ
20:00	おふろ
21:00	テレビ見ながらストレッチ
22:00	ねる

Point!!
お勉強は一気に終わらせちゃう！日曜日はゆっくりしたいからネ！

学校へん 小学生が知りたい！なんでも

小学生115人にきいてみたよ。
みんなに学校とおうちでのこといろいろ教えてもらっちゃった♪

Q ランドセルの色はなに色？

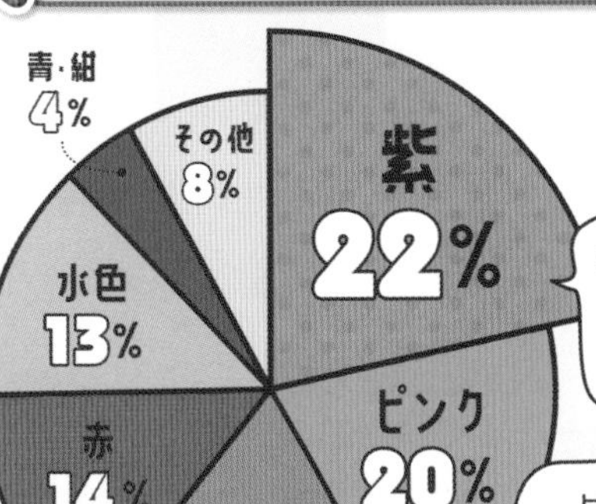

好きな色のランドセルにすると学校に行くのも楽しくなるね♪

ビビットピンクのランドセルの子もいてまさに十人十色だね！

Q 学校ではなんのクラブ（部活）にはいってる？

1位 手芸クラブ

2位 家庭科クラブ
パソコンクラブ
バドミントンクラブ

Q 好きな教科は？

図工の授業が大人気だね☆
キミはなにを作りたい？

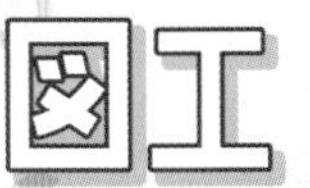

1位 図工　2位 体育　3位 音楽

Q 将来の夢はある？

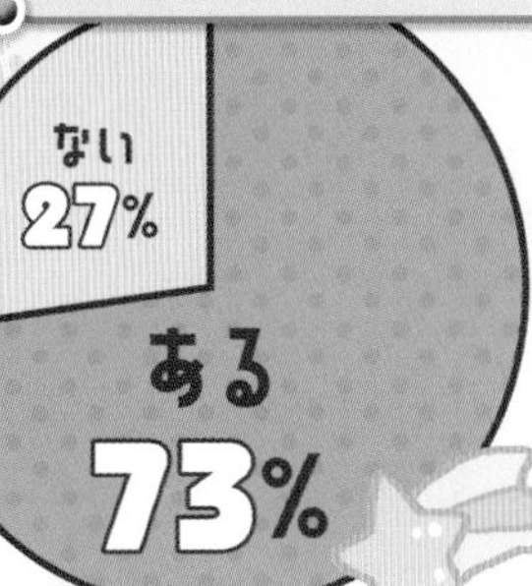

今はまだ見つからなくてもダイジョウブ！あせらずに自分の好きなものやことを見つけることから始めよう！

Q ニガテな教科は？

1位 算数　2位 社会　3位 国語

ニガテな教科をこくふくすると、楽しく勉強できるようになるかも♡

Q 「ある」と答えた人は将来の夢を教えて！

薬ざい師
じゅう医
イラストレーター
学校の先生
助産師
パティシエ
アイドル
YouTuber
作家

Q 好きな学校の行事を教えて！

1位 遠足　2位 運動会　3位 社会科見学・修学旅行

おやつを持っていくと盛り上がることまちがいナシ！

おうちへん

みんなの知りたかったことはあったかな？
学校とおうちでの過ごし方の参考にしてね。

Q 習いごとはしてる？

※複数回答あり

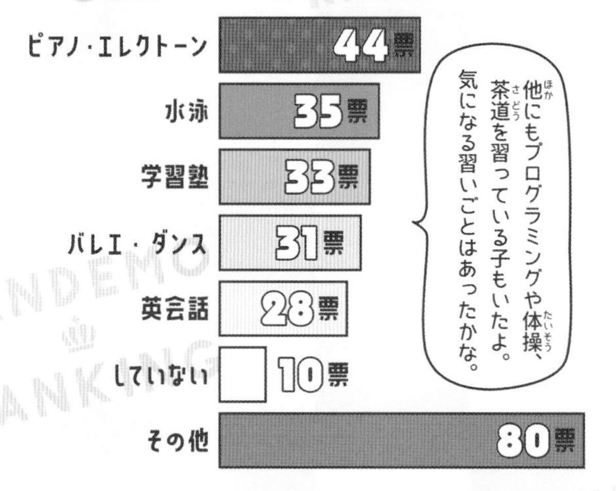

他にもプログラミングや体操、茶道を習っている子もいたよ。気になる習いごとはあったかな。

Q 朝ごはんはパン派？ご飯派？

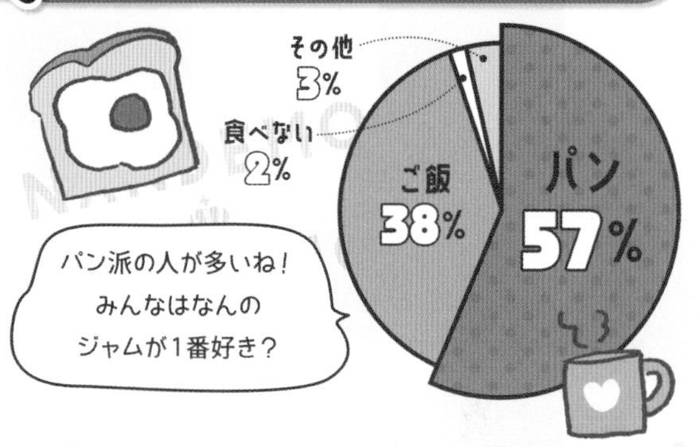

パン派の人が多いね！みんなはなんのジャムが1番好き？

Q 毎日なん時ごろに起きてる？

1位 6時30分
2位 ~7時
3位 ~6時

Q スマホ・ケータイは持ってる？

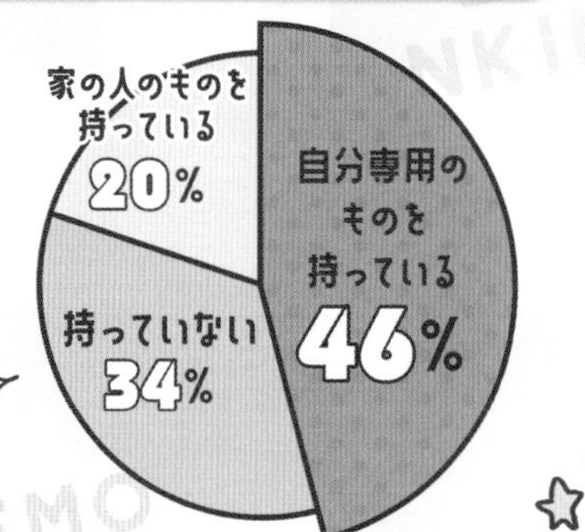

スマホもケータイも便利だけど、安全に使うことが大事だよ！SNSとの付き合い方を考えよう。

Q 毎日なん時ごろにねてる？

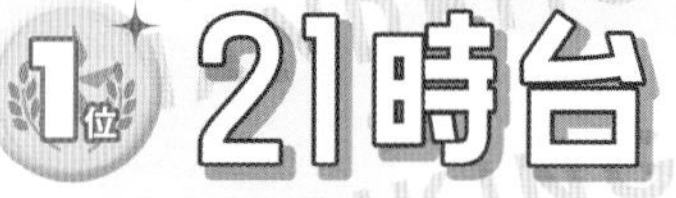

2位 22時台
3位 20時台

Q おこづかいは毎月いくらもらってる？

2位 501~1000円
3位 301~500円

もらってない人の方が多いんだね！もしもらえたらみんなはなににおこづかいを使う？

Q おこづかいはなにに使ってる？

1位 文具
2位 本
3位 飲み物
4位 友達との遊び
5位 コスメ

いろんな使い方があるね！なにに使おうかなやんじゃう～！

モチベアップ♥テク紹介

ニコ☆プチ読者モデル（プチ㊗）のみんなに毎日の勉強のモチベーションを上げる方法をきいてみたよ。みんなにぴったりのテクが見つかるはず…！

01 文具

自分の好きなものに囲まれて勉強することでモチベアップ♡文具にもこだわるよ。

プチ読のオススメ

- かわいいペンを使うよ！（ERENAちゃん・小6）
- 筆箱は化しょうポーチにもなるようなかわいいポーチにするとよい！（ゆちゃん・小6）
- かわいいガラの新しいグッズをゲットするとやる気がでるよ。（RIRINちゃん・小6）

プチ読のオススメ

- 勉強後にYouTubeを見たり、ゲームをしたりすることを想像してモチベを上げるの♪（もなちゃん・小5）
- テストで100点とったらお父さんとお母さんからごほうびがもらえる！（みーたんちゃん・小2）
- 勉強が終わったらおやつを食べられることにしてモチベアップ！（キララちゃん・小2）

02 自分にごほうび

がんばった先にあるごほうびタイムを想像すれば、やる気がみなぎってくる！

03 勉強机にひと工夫

勉強机も素敵にデコレーションしてモチベアップ！座りたい机まわりにすることで、宿題をやりたくなっちゃうかも!?

プチ読のオススメ

- K-POP大人気グループのグッズを置いてモチベアップ♡（みゆちゃん・小5）
- 机の横にぬいぐるみを置いて集中！（りおなちゃん・小5）
- 机の上に好きなキャラクターのグッズを置いてやる気アップ！推し活グッズは大事！（ひなたちゃん・小4）

motivation up

04

いやしグッズ

いやしグッズで心も身体もリフレッシュ！みんなはなににいやされてるのかな？

プチ読のオススメ

- 多肉植物を置いてモチベ＆いやし度アップ！（こっちゃん・小5）
- ねこをなでるといやされるよ☆（あおにゃーちゃん・小6）
- クマのグッズにいやされているよ♪いろんな種類のクマが好き！（つむつむちゃん・小4）

05

音楽をきく

音楽をきいてモチベを上げる子がいっぱい！ノリノリな曲をきいてテンションを上げよう☆

プチ読のオススメ

- 勉強前にボーカロイド曲をきくとテンション＆モチベアップ！（ゆあちゃん・小6）
- ポップな音楽をきいてモチベを上げるよ。K-POPやドラマの主題歌をよくきくかな♪（ナナちゃん・小4）
- 音楽をききながら勉強をするよ。今はやりの曲やTikTokメドレーがオススメ！（みきちゃん・小6）

06

その他

プチ読のみんなが教えてくれた「モチベアップ♡テク」はまだまだあるよ！ここで紹介するね♪

プチ読のオススメ

- ママとのハグでモチベアップ♡（みやねこちゃん・小4）
- 好きな人が頭が良いから、テストで100点を取って話しかけるネタを作るの！（みやかちゃん・小5）
- 先に遊んでから宿題をするのもオススメ♪先に遊んだことで宿題をしなきゃいけない気持ちになるよ。（KURUMIちゃん・小5）

COLUMN

＼親子で知りたい！／

YouTubeとの付き合い方

小学生の子どもをもつ保護者1676人に「お子さまがよく見るSNSやアプリは?」と聞いたところ、約7割が「YouTube」という回答でした。また、家庭学習のおなやみについて聞いたところ、「YouTubeと勉強のメリハリがつけられていない」「時間配分がわからない」「学校支給のタブレットがあるから、すぐにYouTubeをみてしまう」などのおなやみが多数寄せられました。今回は、本書の監修者である石田先生に「親子でどのようにしてYouTubeと付き合っていくか」という観点で、お話をうかがいました。

お子さまがよく見るSNSやアプリは?

YouTube	66%
特にない	17%
TikTok	11%
Instagram	4%
その他	2%

YouTube vs 勉強！ メリハリのつけかた

近年、小学生がなりたい職業の1位は「YouTuber」となっています。それほどYouTubeが子どもたちにあたえるえいきょうは大きいということです。しかしコロナ禍になり、YouTubeを見るだけでなく、発信する大人も増えました。それだけYouTubeは私たちにとって身近なものとなっています。YouTubeで学習することもあれば、ききたい音楽をきくこともできる多様なメディアになりました。

このように魅力的なYouTubeですから、当然のことながら、一度見始めるとやめられなくなり、いつしか何時間も見ることになります。またテレビと違って、近いきょりで画面を見続けるため、目も悪くなります。良いことがある反面、悪いこともあるわけです。ではどうしたらいいでしょうか。

上手に付き合えばいいわけです。そのためには2つのことが必要です。1つは「時間管理」、もう1つは「ルール作り」です。

「時間管理」と「ルール作り」

時間管理のコツは「見える化」です。『カスタムアイスタディ』のQ&Aでも書いているように、いつ何をやるのかを紙に書き出して、終わったら赤ペンで消していきます。その際、動画を先に見るのか、宿題を先にやるのかを決めます。迷ったらどちらの順番も試してみて、動画と宿題の両方ともできる方を選択しましょう。

ルール作りのコツは「親子でいっしょに作る」ことです。親の一方的なルールでは機能しません。

ルールの決め方

1. 子どもはどう使いたいのかを話す
2. 親はどう使ってほしいのかを話す
3. ①②をもとに話し合ってルールを決める

ポイント

- ルールを守れなかったときのペナルティも子ども→親の順で決めておく
- 話し合いの様子を動画でさつえいしておく
- 1週間試してルールの修正をする

ルール決めは「子ども→親→話し合い」の流れで、子どもが納得するルールで始めることです。しかし、一度決めたルールはほぼ間違いなく守られません。そこで1週間後に修正することも、あらかじめ決めておきましょう。

これからの時代は娯楽だけでなく勉強も「ゲーム的、動画で学ぶ・知る・楽しむ」が主流になります。無闇やたらに厳しい制限も良くなく、心身に問題が出るほど自由にやりたい放題するのも良くありません。楽しむことができる水準を親子で決めていくことをおすすめします。

監修者 石田勝紀先生

（一社）教育デザインラボ代表理事。20歳で学習塾を創業し、これまでに4000人以上の生徒を直接指導。現在は子育てや教育のノウハウを、「カフェスタイル勉強会～Mama Cafe」などを通じて伝えている。

［Voicy］

Japanese

～こくごの　おべんきょう～

もくじ

こくごのおべんきょう

01 同じ　ぶぶんを　もつ　かん字

同じ　ぶぶんを　もつ　かん字

下の　絵に　ある　❶〜❸の　かん字の　中で、
同じ　ぶぶんを　見つけて、（　）に　書きましょう。

❶ 晴 ・ 日 の　同じ　ぶぶんは　（ 日 ）

❷ 学 ・ 子 の　同じ　ぶぶんは　（　　）

❸ 木 ・ 休 の　同じ　ぶぶんは　（　　）

同じ　ぶぶんでも、大きさが　ちがう　ことが　あるよ！

2まいの　カードに　入る　同じ　ぶぶんを
下の　ふせんから　えらんで　書き、
カードの　かん字を　かんせいさせましょう。

❶ 毎　也

❷ 孝　娄

❸ 早　化

艹　氵　攵

③しょくぶつを　あらわす　かん字が　できるよ。

❶と❷、❸と❹には　同じ　ぶぶんを　もつ　かん字が　入ります。
□から　えらんで、（　）に　書きましょう。

りん
早く　あの　本を　（❶　　　）みたいな。
女の子が　ぼうけんを　する　（❷　　　）なんだ。

はるひ
あの　本は　おもしろいよね。
森で　大きな　（❸　　　）が
（❹　　　）く　ばめんから　はじまるね。

鳥　話　回　国　読　鳴

まよった　ときは、□の　かん字を　1つずつ　あてはめて　みよう。

こたえ2ページ

かん字の　読み方

いろいろな　読み方の　ある　かん字

つぎの ＿＿ の　かん字の　中に、１つだけ
読み方の　ちがう　ものが　あります。
ちがう　読み方の　カードを　○で　かこみましょう。

①

下山

下校

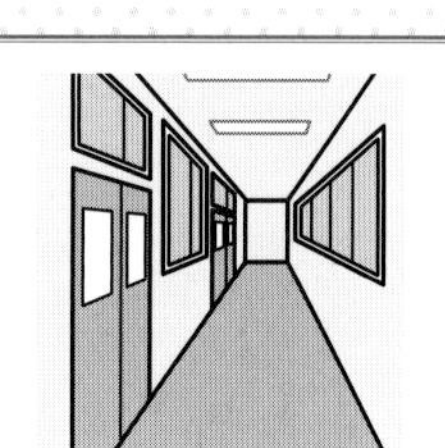

ろう下

②

川上

屋（おく）上

水上

③

自（じ）分

引（ひ）き分け

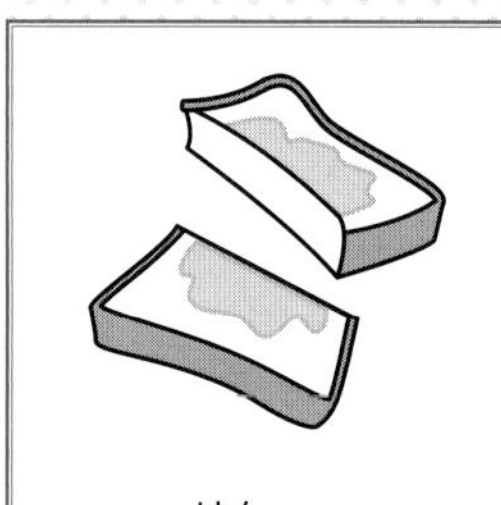

半（はん）分

ことばに　よって　読み方が　かわる　ことに　ちゅういしよう。

おくりがなに　気を　つけて、(　)の　中から
正しい　ほうを　えらんで、○で　かこみましょう。

さら　先月、犬の　赤ちゃんが　(　生まれ　・　生き　)たよ。
こんど　見に　来(こ)ない？

かずき　行(い)く　行く！　犬の　赤ちゃんって　何(なに)を　食(た)べるの？
(　細かく　・　細く　)　くだいた　ドッグフード？

さら　まだ　ミルクだけだよ。犬の　赤ちゃん用(よう)の
ほにゅうびんに　ミルクを　(　入る　・　入れる　)んだ。

おくりがなには、かん字の　いみを　はっきり　させる　はたらきが　あるね。

つぎの　❶～❹の　かん字の　おくりがなが　正しければ　○を、
まちがって　いれば　正しい　かん字と　おくりがなを、
下の　……に　書(か)きましょう。

○月△日
今日(きょう)、❶新らしい　ようふくを　買(か)ったんだ。
お姉(ねえ)ちゃんと　❷同じ　形(かたち)の　シャツで、わたしのは、❸明かるい
青色(いろ)なんだ。おそろいで　いつ　いっしょに　きるか、
今(いま)　お姉ちゃんと　❹考がえ中。

❶ ……………　❷ ……………　❸ ……………　❹ ……………

POINTは
ココだよ！

①③は、おくりがなを　とくに　まちがえやすい　かん字だよ。

03 かん字の 読み 書き①

つぎの かん字を なぞりましょう。
かん字の 読みを 後の □から えらんで、
……に 書きましょう。

① 船 ……
「、」の むきに ちゅうい！

② 道 ……
「辶」は 三画で 書くよ！

③ 売る ……

④ やり方 ……

⑤ 読書 ……

⑥ 止まる ……

⑦ 広い ……

⑧ 合体 ……

⑨ 画用紙 ……
さい後は はねるよ。

⑩ 雲 ……

みち　くも　がようし　ふね　がったい
う　かた　ひろ　どくしょ　と

POINTはココだよ！ ①「船」は 「せん」、②「道」には 「どう」と いう 読みも あるよ。

8 こくご

つぎの　文の　＿＿の　読みを、
㋐～㋒の　中から　１つずつ　えらびましょう。

❶ 山の　方に　大きな　にじが　見えるよ。　（　　　）
㋐ かた　㋑ むき　㋒ ほう

❷ この　手紙は　帰ってから　見てね！　（　　　）
㋐ えほん　㋑ てがみ　㋒ にっき

❸ 木かげで　読書すると　気もちが　いいね。　（　　　）
㋐ ほんよみ　㋑ おんどく　㋒ どくしょ

❹ かわいい　犬と　目が　合う。　（　　　）
㋐ あう　㋑ いう　㋒ かう

POINTはココだよ！

④の　「合」は、いろいろな　読みが　あるよ。

9 こくご

つぎの　会話の　❶～❹を　かん字に　直して、
下の　……に　書きましょう。

いずみ：りょこう中に　大きな　❶ふねに　のったんだね。

つむぎ：うん。❷みちに　まよいそうなほど　❸ひろかったよ。

いずみ：つぎの　日は　星空を　見たんだっけ？

つむぎ：そうなんだ。でも、❹くもが　あって、ざんねんだった。

❶ ……　❷ ……　❸ ……　❹ ……

POINTはココだよ！
④は、にて　いる　かん字の　「雪」と　まちがえないようにね。

Japanese

こくごの おべんきょう 04

丸(まる)・点(てん)・かぎ

丸・点・かぎの つかい方(かた)

つぎの 手紙(がみ)の 中で 点を うつ ところを 2つ えらんで、□に 点を 書(か)きましょう。

おばあちゃん
お元気ですか。
先週、学校で音楽会があったよ。
きんちょうしたけど□うまく□
歌うことができたよ。
春休みに、おばあちゃんの□家に
行くから□歌を聞いてね。

かおる

点は、いみの 分(わ)かれる ところに うつよ。

Japanese

3人の　うち、「丸・点・かぎ」を　正しく　つかって いる　人に　○を　つけましょう。

（　　）まい　わたしは。「こんにちは。」と、友だちに 言いました。

（　　）ひなた　お父さんが、「もう　行くぞ。と 言ったので」、いそぎました、

（　　）ゆう　弟は、「ジャックと　まめの　木」の　本が 大すきです。

かぎは、お話や　本の　だい名を　あらわす　ところにも　つかわれるよ。

絵に　合うように、つぎの　文に　点を　1つ　うって 書き直しましょう。うすい　字は　なぞりましょう。

今日はいしゃに行きます。

❶  （今日は、　　　　　　　　　　）

❷  （　　　　　　　　　　　　　　）

行った　ばしょの　前に　点を　つけると　よさそうだね。

Japanese

こくごの おべんきょう 05

主語と　述語

主語と　述語

主語(だれが・何が)と　述語(どうする・どんなだ・なんだ)に気を　つけて、述語を　えんぴつで　なぞりましょう。

❶ だれが(は)――どうする

ぼくが　話す。

❷ 何が(は)――どうする

星が　かがやく。

❸ だれが(は)――どんなだ

姉は　いそがしい。

❹ 何が(は)――なんだ

これは　花だ。

POINTはココだよ!　主語と　述語に　ちゅう目すると、上手な　文が　書けるよ!

Japanese

つぎの　文の　主語と　述語の　組み合わせを、
後の　㋐～㋓の　中から　1つずつ　えらびましょう。

1. 兄は　やきゅうの　せん手だ。　(　　　)
2. 友だちが　公園に　出かける。　(　　　)
3. 雪が　はげしく　ふる。　(　　　)
4. 海は　とても　青い。　(　　　)

㋐ だれが（は）――どうする　㋑ だれが（は）――なんだ
㋒ 何が（は）――どうする　㋓ 何が（は）――どんなだ

うごきを　あらわす　ことばは、「どうする」の　なかまだよ。

15 こくご

れいの　ように、つぎの　文の、主語に　あたる　ことばに
＿＿を、述語に　あたる　ことばに　〰〰を　引きましょう。

れい　赤ちゃんが　すやすやと　ねむる。

1. テーブルの　上の　おかしが　すごく　おいしそう。
2. 妹が　たん生日に　かわいい　リボンを　くれたよ。
3. かい犬の　チョコは　いま　5さいなんだ。

述語は　文の　さい後に　くる　ことが　多いよ。

こたえ3ページ

こくごの おべんきょう

06 かん字の 読み 書き②

つぎの かん字を なぞりましょう。
かん字の 読みを 後の □から えらんで、
……に 書きましょう。

❶ 里 ……
たてせんは つき出ないよ！

❷ 作文 ……

❸ 歩く ……

❹ 場合 ……

❺ 曜日 ……
よこせんの 数に ちゅうい！

❻ 教会 ……

❼ 行く ……

❽ 電気 ……
さい後は しっかり まげてから はねよう！

❾ 食べる ……

❿ 時間 ……

でんき　さくぶん　きょうかい　さと　ようび ばあい　じかん　ある　い　た

POINTはココだよ！
⑩「時」は 「とき」と いう 読みも あるよ。

Japanese

17 こくご

つぎの　文の　＿＿の　読みを、
㋐～㋒の　中から　1つずつ　えらびましょう。

❶ きらきらの　ビーズで　ティアラを　作るね。（　　　）
㋐ みる　㋑ つくる　㋒ さわる

❷ わたしの　町には、ピンクの　電車が　走って　いるよ。（　　　）
㋐ くるま　㋑ のりもの　㋒ でんしゃ

❸ バラの　さいて　いる　広場を　見つけたよ。（　　　）
㋐ ひろば　㋑ こうえん　㋒ こうじょう

❹ つりばしは　ゆれるから、一歩ずつ　すすもうね。（　　　）
㋐ ひといき　㋑ いっかい　㋒ いっぽ

③「広」は　「こう」と　読むのか、「ひろ」と　読むのか　どっちかな？

18 こくご

つぎの　日記の　❶～❻を　かん字に　直して、
下の　（　）に　書きましょう。

〇月△日

今日は　❶にちようび。お母さんに　りょう理を　❷おしえて
もらったよ。❸さといもを　買いに　❹いって、にものに
したんだ。むずかしかったけど、自分の　りょう理を　だれかが
❺たべて　くれるって、うれしい！　これからは　❻じかんを
きめて　れんしゅうして、もっと　上手に　なりたいな。

❶（　　　）　❷（　　　）　❸（　　　）
❹（　　　）　❺（　　　）　❻（　　　）

①「にちようび」は、ちがう　読みを　もつ　同じ　かん字を　つかうよ！

Japanese

こくごのおべんきょう 07

なかまの　ことば

なかまに　なる　ことば

つぎの　図は、「かぞく」に　かんする　ことばを　なかま分けで　あらわして　います。かん字を　なぞりましょう。

「姉」「兄」「妹」「弟」を　まとめて　いうと　「きょうだい」だね。

Japanese

20

カードの　中の　ことばを　まとめて　よぶ　ことばを、
ふせんの　中から　えらんで、線(せん)で　つなぎましょう。

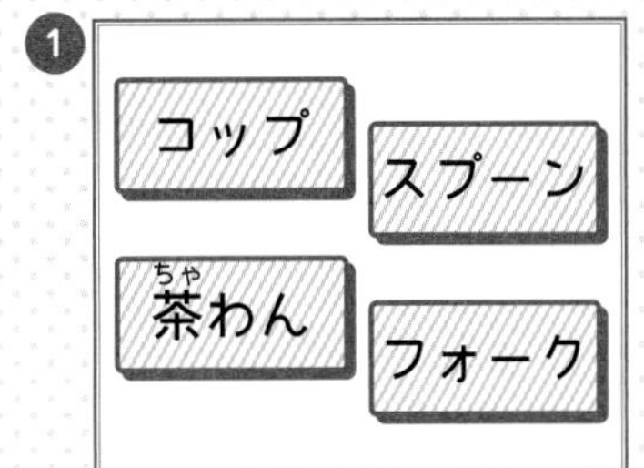

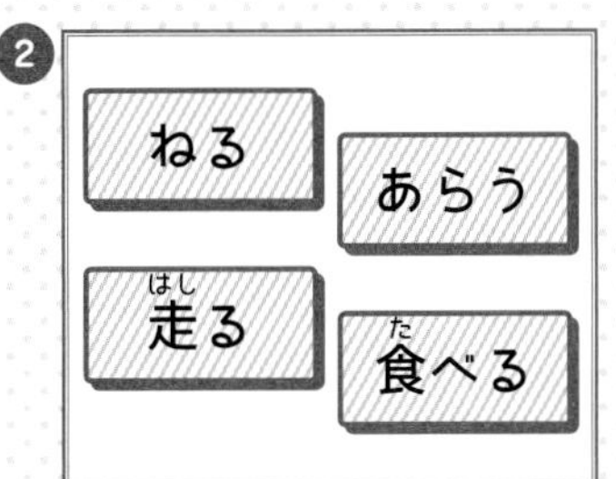

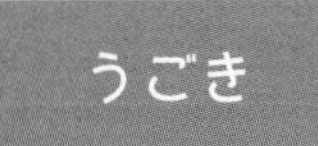

②みんなが　いつも　「する」ことだね。

21

なかまに　なる　ことばを　あつめます。
(　)に　合(あ)う　ことばを　書(か)きましょう。
うすい　字は　なぞりましょう。

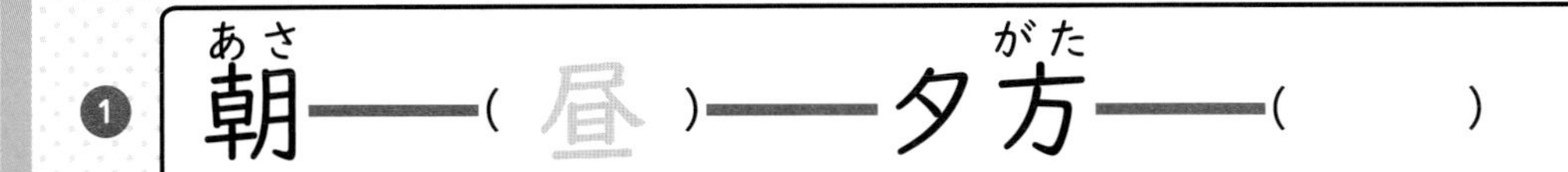

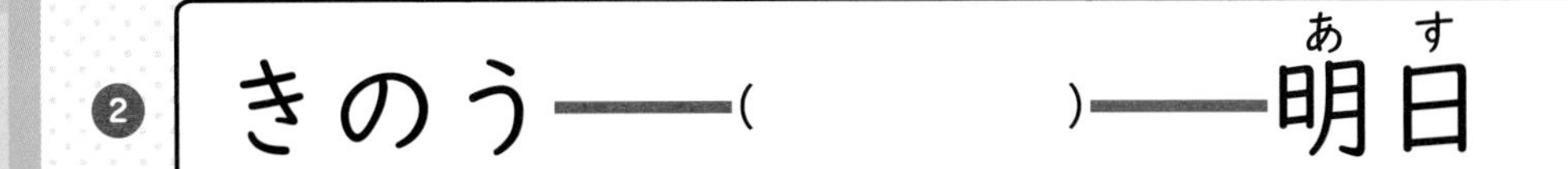

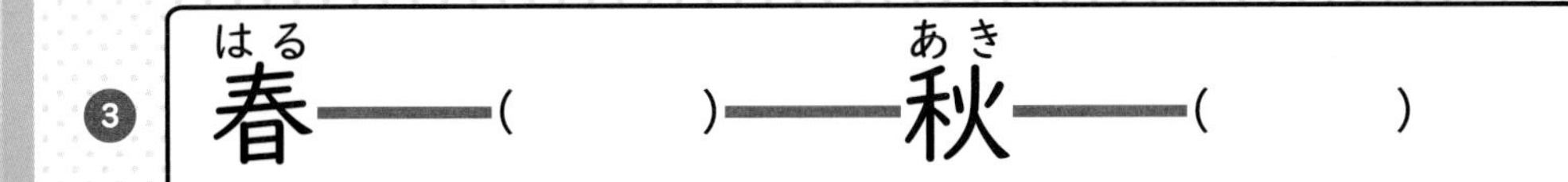

②「きのう」と　「明日」の　間(あいだ)の　日を、何(なん)と　いうかな？

こたえ4ページ

こくごの
おべんきょう
08

かたかなの　ことば

かたかなで　書(か)く　ことば

つぎの　まとまりの　中に、1つだけ　かたかなで　書く
ことばでは　ない　カードが　あります。
その　カードを　○で　かこみましょう。

❶

いやりんぐ

ねっくれす

ばっぐ

ゆびわ

わんぴーす

❷

わんわん

びゅーびゅー

きれい

まいける

あめりか

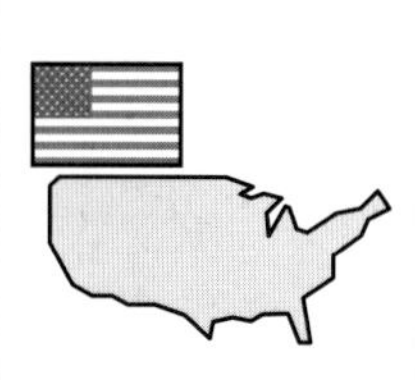

POINTは
ココだよ！

音を　あらわす　ことばも、かたかなで　書く　ことが　多(おお)いよ。

Japanese

3人の　うち、かたかなを　正しく　つかって　いる　人に　○を　つけましょう。

（　　）みさき　たいへん！　ガチャンって　ぐらすが　われたみたい。

（　　）りゅう　おむれつが　食べたいけど、メニューに　のって　いるかな。

（　　）りの　エジソンは　電きゅうの　ほかにも　いろいろな　はつ明を　したんだよね。

外国から　来た　ことばは　かたかなに　するよ。

つぎの　日記の　中で、かたかなで　書く　ことばに　＿＿を　引き、れいの　ように　下に　書きましょう。

○月△日

きのう、うちの　どあが　かたかた　鳴るので、（れい：どあ → ドア）

見て　みたら、子ねこが　いたの。みるくを　あげたら、

にゃーおと　鳴いて　よろこんで　いたよ。

子ねこの　鳴き声は、ひらがなかな？　かたかなかな？

こたえ5ページ

こくごの おべんきょう

09 かん字の 読み 書き③

つぎの かん字を なぞりましょう。
かん字の 読みを 後の □から えらんで、
……に 書きましょう。

1 三角 ……
たてせんは つき出ないよ！

2 午後 ……

3 来店 ……

4 歌う ……

5 遠い ……

6 毎日 ……
よこせんは つき出るよ！

7 草原 ……

8 学科 ……
「ノ」の むきに ちゅうい！

9 鳴る ……

10 顔 ……

な	まいにち	ごご	がっか	らいてん
かお	さんかく	うた	とお	そうげん

かん字の 形を しっかり かくにんしよう。

Japanese

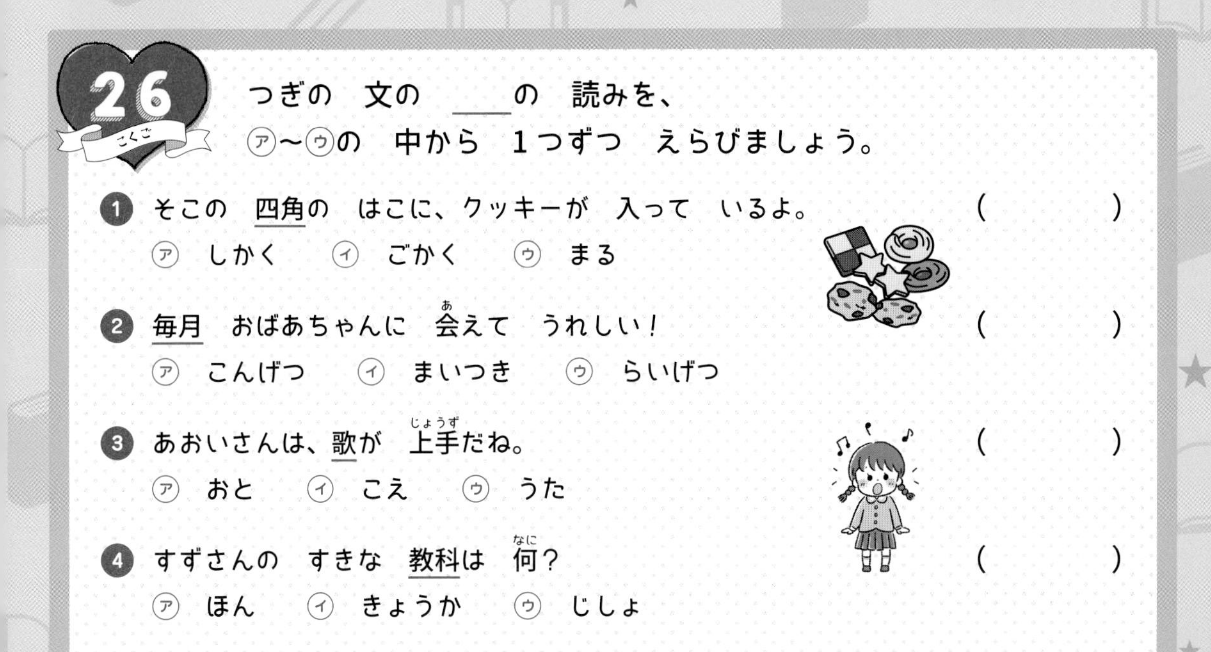

26 こくご

つぎの　文の　＿＿の　読みを、
㋐〜㋒の　中から　1つずつ　えらびましょう。

❶ そこの　四角の　はこに、クッキーが　入って　いるよ。　（　　　）
㋐　しかく　㋑　ごかく　㋒　まる

❷ 毎月　おばあちゃんに　会(あ)えて　うれしい！　（　　　）
㋐　こんげつ　㋑　まいつき　㋒　らいげつ

❸ あおいさんは、歌が　上手(じょうず)だね。　（　　　）
㋐　おと　㋑　こえ　㋒　うた

❹ すずさんの　すきな　教科は　何(なに)？　（　　　）
㋐　ほん　㋑　きょうか　㋒　じしょ

POINTはココだよ！　③の　「歌」は　おくりがなが　ある　読み方(かた)も　あるよ！

27 こくご

つぎの　交(こう)かん日記(き)の　❶〜❻を　かん字に　直(なお)して、
下の　（　）に　書きましょう。

今日(きょう)の　❶えんそく、楽(たの)しかったね。	そうそう！　そこに
おべんとうを　食(た)べた　❷あと、	❺きた　子たちも
❸はらっぱで　虫が	おどろいた　❻かおを
大きな　声(こえ)で　❹なき出して	して　いたよね。
びっくりした！	思(おも)わず　わらっちゃった！
みさ	あみ

❶（　　　）　❷（　　　）　❸（　　　）
❹（　　　）　❺（　　　）　❻（　　　）

POINTはココだよ！　④は　「口」と　どうぶつを　組(く)み合(あ)わせた　かん字だね。

Japanese

にた いみの ことば

にた いみの ことば

つぎの 文の ＿＿の ことばと にた いみの ことばを ㋐～㋕から 1つ えらんで、（ ）に 記ごうを 書きましょう。

❶

友だちと 話す。

（　　　　）

❷

ひこうきの つばさ。

（　　　　）

❸

読書は 楽しい。

（　　　　）

❹

明かりを つける。

（　　　　）

㋐ 出かける	㋑ かさ	㋒ おもしろい
㋓ はね	㋔ 電気	㋕ しゃべる

それぞれの ことばは どう いいかえられるかな？

❶〜❸の ＿＿と にた いみの ことばを 下から えらんで、線(せん)で つなぎましょう。

❶

家(いえ)に 帰(かえ)る。

❷

うつくしい 花。

❸

遠足(えんそく)の ようい。

きれいな　じゅんび　もどる

③ほかにも、「したく」と いう にた いみの ことばが あるよ。

30 こくご

❶〜❸の ＿＿と にた いみの ことばを、後(あと)の □から 2つ えらんで、( )に 書(か)きましょう。

❶ ドレスを 作(つく)る。 (　　　　) (　　　　)

❷ かみの毛(け)を むすぶ。 (　　　　) (　　　　)

❸ 外国(がいこく)に 行(い)きたい。 (　　　　) (　　　　)

こしらえる	た国	おろす	海外(かいがい)
まとめる	したてる	くくる	海上

「た国」は 「ほかの 国」、「海上」は 「海の 上(うえ)」と いう いみだよ。

Japanese

はんたいの いみの ことば

はんたいの いみの ことば

つぎの 絵(え)を 見て、はんたいの いみに なる
ことばを えんぴつで なぞりましょう。

①

うさぎは 小さい。

↕

くまは 大きい。

②

うさぎは 前(まえ)に いる。

↕

くまは 後(うし)ろに いる。

①は 大きさを、②は じゅんばんを 考(かんが)えよう。

Japanese

___の　ことばと　はんたいの　いみの　ことばを、
(　)の　中から　えらんで、○で　かこみましょう。

わかな　この　かばん、おもいね。何(なに)が　入って　いるの？
(　長(なが)い　・かるい　)

あまね　絵(え)本だよ。妹(いもうと)が　よろこぶから　たくさん　もって　いるの。
(　楽(たの)しむ　・　かなしむ　)

わかな　あまねさんって、妹思(おも)いの　やさしい　お姉(ねえ)ちゃんだね。
(　つめたい　・　むずかしい　)

POINTは ココだよ！　___の　ことばを、「○○ない」の　形(かたち)に　すると　わかりやすいよ！

___の　ことばと　はんたいの　いみの　ことばを
(　)に　書(か)いて、交(こう)かん日記(き)を　しあげましょう。

九月に　なったのに、
毎(まい)日　あついね。
プールも　あきちゃった。
(❶　　　　)　きせつに
なったら、スケートを
しに　行(い)きたいね。
かほ

いいね！　きょ年　行った、
あの　スケート場(じょう)は、
すずらん通(どお)りの　高(たか)い
ビルの　となりの
(❷　　　　)　たてものの
中に　あったよね。
みずき

ここでの　「あつい」は　気おんが　高いと　いう　いみだね。

Japanese

こくごのおべんきょう 12

かん字の 読(よ)み 書(か)き④

34 こくご

つぎの かん字を なぞりましょう。
かん字の 読みを 後(あと)の □から えらんで、
……に 書きましょう。

1 店頭 ……

2 黒 ……

4つの 点(てん)の むきに ちゅういしてね！

3 直る ……

4 答える ……

5 室外 ……

6 社会 ……

7 公園 ……

たてせんは はねないよ。

8 通す ……

たてせんは つきぬけるよ！

9 人間 ……

10 長文 ……

こうえん ちょうぶん とお しゃかい しつがい
くろ てんとう にんげん なお こた

①「店頭」は おみせの 入り口あたりの ことだよ。

Japanese

35 こくご

つぎの　文の　＿＿の　読みを、
㋐～㋒の　中から　1つずつ　えらびましょう。

❶ みゆちゃんの　<u>教室</u>に　あそびに　行くね！　(　　　)
㋐　きょうしつ　㋑　へや　㋒　がっこう

❷ レンゲ草で、<u>長い</u>　首かざりを　作ったよ。　(　　　)
㋐　おもい　㋑　ながい　㋒　みじかい

❸ あの　クイズの　<u>答え</u>、　わかった？　(　　　)
㋐　ぬりえ　㋑　こたえ　㋒　おしえ

❹ きのう、ひさしぶりに　<u>園長</u>先生と　お話ししたよ！　(　　　)
㋐　こうちょう　㋑　きょうとう　㋒　えんちょう

POINTは ココだよ！　②と　④の　「長」は　同じ　かん字でも　読み方が　ちがうよ。

36 こくご

つぎの　会話の　❶～❻を　かん字に　なおして、
下の　(　)に　書きましょう。

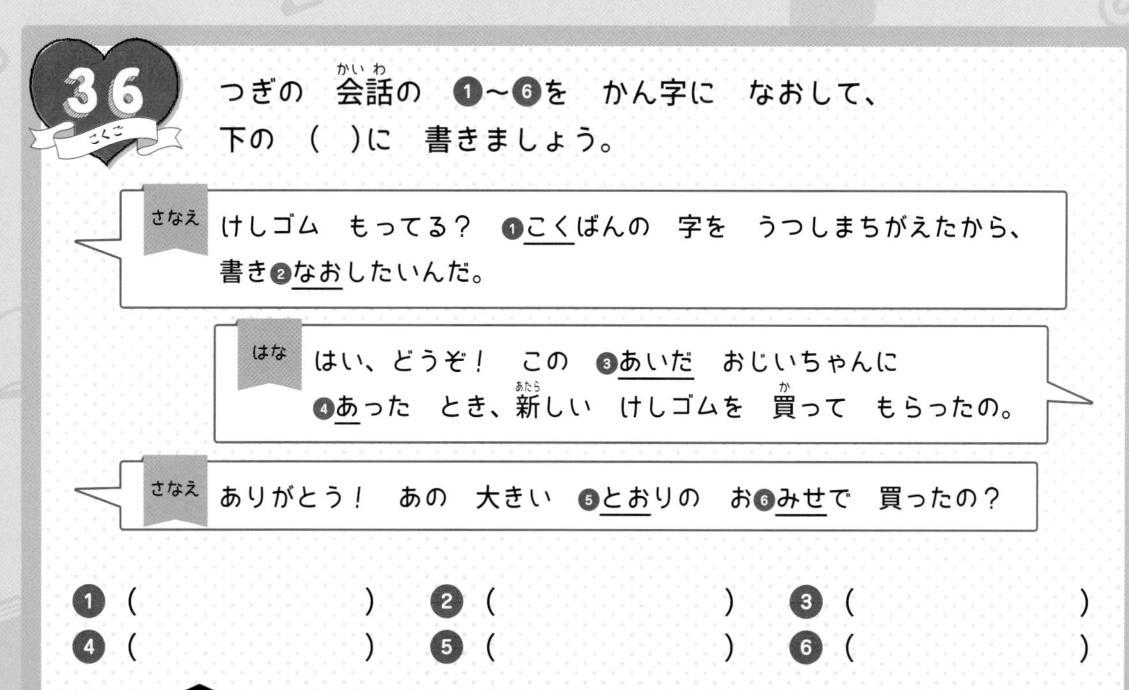

❶ (　　　)　❷ (　　　)　❸ (　　　)
❹ (　　　)　❺ (　　　)　❻ (　　　)

POINTは ココだよ！　④は　読みが　同じで　にて　いる　かん字の　「合」と　まちがえないようにね。

Japanese

しめす　ことば

しめす　ことばの　つかい方

絵を　見て、会話文の　中の　しめす　ことばを、〇で　かこみましょう。

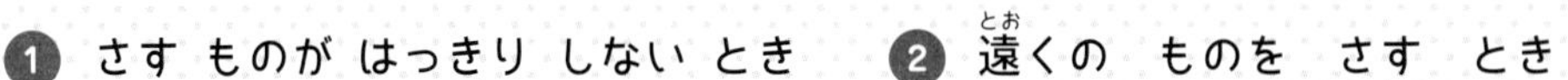

❶ さす ものが はっきり しない とき

どの　ケーキに
しますか？

❷ 遠くの　ものを　さす　とき

あの　ケーキは　何が
のって　いますか？

❸ 近くの　ものを　さす　とき

この　ケーキですか？

❹ あい手から 近くの ものを さす とき

いいえ、その
となりの　ケーキです。

さす　ものが　ある　場しょに　よって　つかい分けるよ！

4人の　うち、＿＿の　ことばを　正しく　つかって　いる　人に　○を　つけましょう。

（　　）まお　わたしは　これ　色が　すきだな。

（　　）ひまり　あの　子が、きのう　てん校して　来たんだね。

（　　）みゆう　それに　ある　ジュースを　とって　くれる？

（　　）あおい　どの　ぬいぐるみも、とっても　かわいい！

正しく　つかって　いる　人は　ひとりでは　ないよ。

つぎの　日記の　（　）に　あてはまる　ことばを、後の　□から　えらんで　書きましょう。

○月△日

今日、お父さんが　新しい　ネクタイを　して　いたよ。

「（❶　　　　）には　いい　ものが　ある。」と　みんなに

言われている　人気の　お店で、わたしが　えらんだの。

お店では、（❷　　　　）に　しようか、すごく　なやんだな。

（❸　　　　）ネクタイ、お父さんに　よく　にあって　いたよ。

その　どれ　あそこ

むずかしい　ときは、（　）に　１つずつ　あてはめて　みよう。

こたえ６ページ

こくごのおべんきょう 14

ようすを　あらわす　ことば

ようすを　あらわす　ことば

絵(え)を　見て、下の　文の　ようすを　あらわす
ことばを　えんぴつで　なぞりましょう。

① みんなで　わいわい　バーベキュー。

② つめたい　ジュースを　のむ。

③ 犬が　元気に　走(はし)り回(まわ)る。

④ 川を　すいすい　およぐ。

①「わいわい」は、楽(たの)しい　ようすを　あらわして　いるね！

Japanese

41 こくご

つぎの　文の　□に　合う　ことばの　カードを　えらんで、線で　つなぎましょう。

① 星が　□　光る。

② お出かけに　□する。

③ □　ねむる。

- きらきら
- ぎらぎら
- ころころ
- わくわく
- すやすや
- がやがや

②は　うれしい　ようす、③は　よく　ねむる　ようすが　つたわって　くるね。

42 こくご

❶～❹の（　）に　あてはまる　ことばを　□から　えらんで　書きましょう。

まさみ：今日は、（❶　　　　　）あたたかいね。

ももか：うん。空も　きれいだね。あ！　あの　雲、（❷　　　　　）みたいに　ふわふわだね！

まさみ：こかげの（❸　　　　　）場しょで　ピクニックしようよ。

ももか：いいね！（❹　　　　　）サンドイッチを　もって　いくね。

わたがし　ぽかぽか　しずかな　おいしい

POINTは ココだよ!

②は、たとえを　つかって　雲の　ようすを　あらわして　いるね。

こたえ7ページ

こくごの おべんきょう

15 かん字の

つぎの　かん字を　なぞりましょう。
かん字の　読みを　後の　□から　えらんで、
……に　書きましょう。

❶ 馬車 ……………

たてせんから　書きはじめるよ。

❷ 風 ……………

❸ 買う ……………

❹ 親しい ……………

右は　「見」だよ。

❺ 音楽 ……………

4つの　点の　むきに　ちゅういしよう！

❻ 地理 ……………

❼ 家 ……………

❽ 元気 ……………

❾ 人体 ……………

❿ 前 ……………

ばしゃ　じんたい　かぜ　ちり　おんがく
まえ　いえ　した　か　げんき

⑥「地理」は、土地や　気こうなどの　ようすの　ことだよ。

Japanese

44 こくご

つぎの　文の　＿＿の　読みを、
㋐～㋒の　中から　1つずつ　えらびましょう。

❶ あの　2ひきの　さるは　親子なのかな？　（　　　）
㋐ しんこ　㋑ ははこ　㋒ おやこ

❷ おこづかいで、ほしかった　シールを　買うんだ！　（　　　）
㋐ かう　㋑ あう　㋒ もらう

❸ つぎの　じゅぎょうは　理科の　じっけんだよ。　（　　　）
㋐ さんすう　㋑ りか　㋒ しゃかい

❹ 自(じ)てん車に　のる　ときは、前後に　気を　つけて。　（　　　）
㋐ さゆう　㋑ まえあと　㋒ ぜんご

④「まえ」と　「うしろ」の　ことを　なんと　いうかな。

つぎの　日記(き)の　❶～❻を　かん字に　直(なお)して、
下の　（　）に　書きましょう。

○月△日

今日(きょう)は、お父(とう)さんと　❶うまに　のりに　行(い)ったよ。
のって　みたら、❷からだが　ふらふらして　むずかしかった！
でも、❸かぜが　とっても　きもちよくて　❹げんきが　出たよ！
❺たのしくて、まだ　❻いえに　帰(かえ)りたくないなって
思(おも)っちゃった。

❶（　　　）　❷（　　　）　❸（　　　）
❹（　　　）　❺（　　　）　❻（　　　）

①は、書きじゅんや　形(かたち)に　気を　つけて　書こう。

ことばあそび

46 こくご

あいうえお作文・回文・だじゃれを　つかって、
ことばあそびを　しよう！

あいうえお作文

行の　はじめに、べつの　ことばが　かくれて　いる　文。

ぴかぴかの　えがおで
あいさつしよう
のびやかに

それぞれの　行の
はじめの　文字を
つなげて　読むと、
「ぴあの」と
いう　ことばが
出て　くるね。

回文

前から　読んでも　後ろから　読んでも　同じに　なる　文。

前　ゾウかいたい、かうぞ！　後ろ

だじゃれ

音が　にて　いる　ことばどうしを　かけて、いみや　リズムを　楽しむ　文。

ふとんが　ふっとんだ！
パパイヤは　パパいや！

自分や　友だちの　名前で、あいうえお作文を　作って　みよう！

Mathematics

～さんすうの　おべんきょう～

もくじ

ひょうと　グラフ

グラフを　かく

下の　おかしの　数(かず)を　しらべて、ひょうや　グラフに
あらわしましょう。

1 ひょうに　数を　かきましょう。

おかしの　数しらべ

おかし	ケーキ	プリン	アイス	ドーナツ
こ数(すう)(こ)				

2 ○を　つかって、下の　グラフに　かきましょう。

おかしの　数しらべ

○			
○			
○			
○			
ケーキ	プリン	アイス	ドーナツ

○1つが　1こを　あらわして　いるね。

グラフを　よむ

すきな　どうぶつを　しらべて、
右のような　グラフに　かきました。
つぎの　もんだいに　答(こた)えましょう。

すきな　どうぶつしらべ

	○		
	○	○	
○	○	○	
○	○	○	○
○	○	○	○
うさぎ	ねこ	いぬ	ぞう

1 うさぎが　すきな　人は
何(なん)人ですか。　（　　）人

2 すきな　人の　数(かず)が　いちばん
多(おお)い　どうぶつを　（　）の
中から　えらんで、○で
かこみましょう。
（　うさぎ　・　ねこ　・　いぬ　・　ぞう　）

グラフの　よみかたを　れんしゅうしよう。

すきな　色(いろ)を　しらべて、
右のような　グラフに　かきました。
つぎの　もんだいに　答(こた)えましょう。

すきな　色しらべ

○			
○		○	
○	○	○	
○	○	○	○
○	○	○	○
○	○	○	○
赤	青	みどり	黄色(きいろ)

1 すきな　人の　数(かず)が　いちばん
少(すく)ない　色は　何(なん)ですか。
（　　　　）

2 赤が　すきな　人は　青が
すきな　人より　何人
多(おお)いですか。
（　　）人

○の　数の　ちがいで　くらべられるね。

時こくと　時間

時こくと　時間

下の　絵を　見て、つぎの　もんだいに　答えましょう。

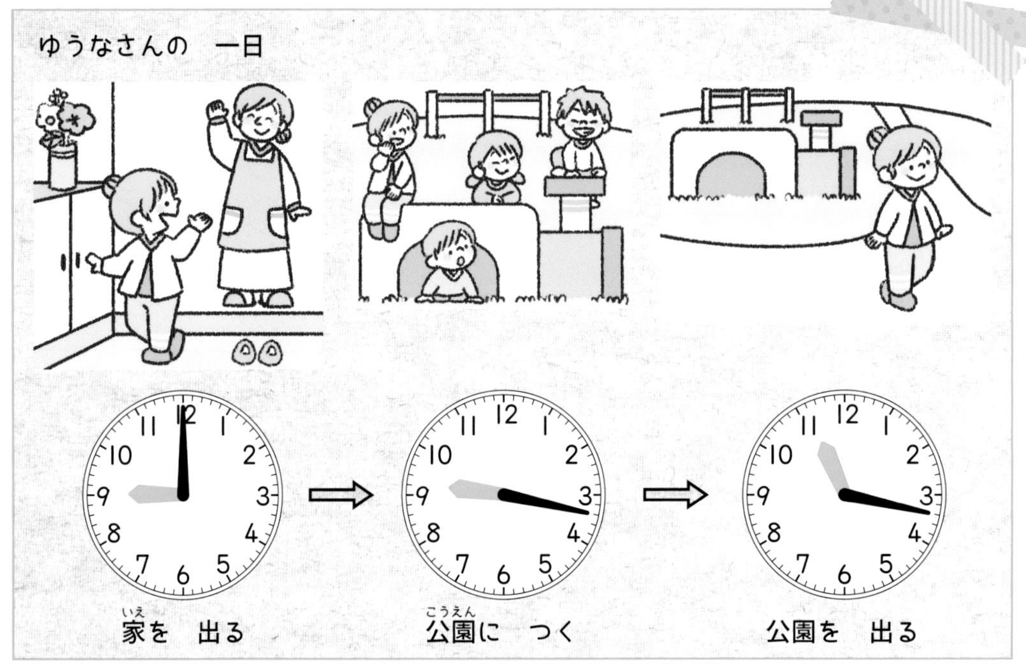

1 家を　出てから　公園に　つくまでに　かかった　時間は　何分ですか。

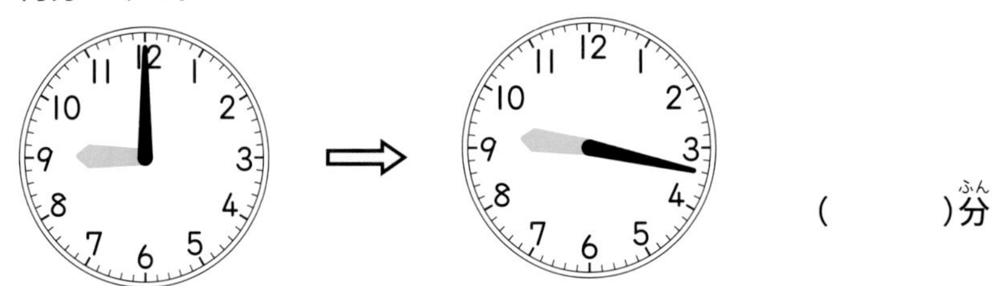

(　　　)分

2 公園に　ついてから　公園を　出るまでに　かかった　時間は　何時間ですか。

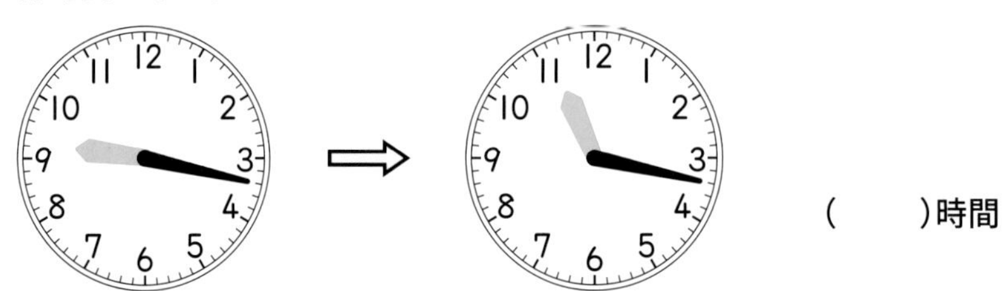

(　　)時間

長い　はりが　1目もり　うごく　時間が　1分だよ。

つぎの □に あてはまる 数を かきましょう。

① 1時間は □分です。

② 1日は □時間です。

③ 午前は □時間、午後は □時間です。

④ 5時20分の 20分あとは □時 □分です。

⑤ 8時50分の 1時間前は □時 □分です。

ヒント
④ 20分と 20分で 何分に なるかな。

生活の 中でも よく つかうので おぼえて おこう。

つぎの 時こくを 午前・午後を つけて 答えましょう。

① ひかるさんが 朝ごはんを 食べた 時こく。

(　　　　　　　　)

② ひかるさんが 学校から 家に 帰って きた 時こく。

(　　　　　　　　)

午前6時と 午後6時は ちがう 時こくだよ。

こたえ8ページ

たし算の　ひっ算

つぎの　計算を　ひっ算で　します。

□に　あてはまる　数を　かきましょう。

① 32＋14

一のくらい、
十のくらいを
たてに　そろえよう。

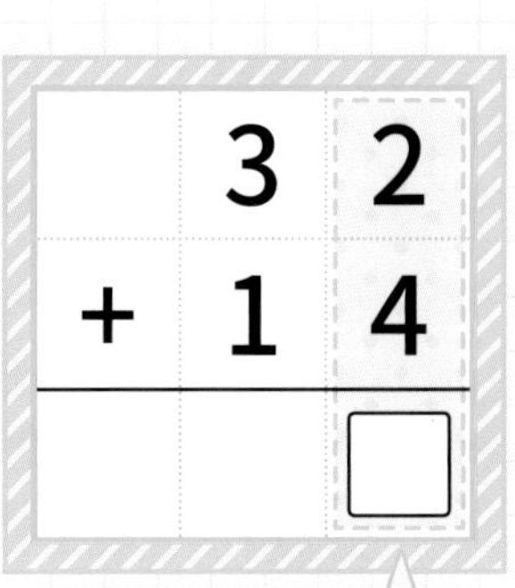

2＋4＝6

	3	2
＋	1	4
	□	□

3＋1＝4

くり上がった　1

	4	5
＋	2	7
		□

5＋7＝12
十のくらいに
1　くり上がるよ。

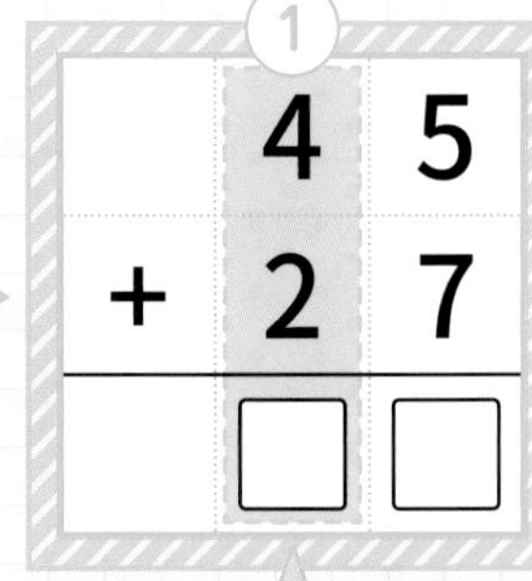

1＋4＋2＝7

このような　計算の　しかたを　ひっ算と　いうよ。

つぎの　ひっ算の　正しい　答(こた)えを
(　)の　中から　えらんで、○で　かこみましょう。

①

	6	2
+	2	5

(77 ・ 87 ・ 97)

②

	3	7
+	2	4

(51 ・ 57 ・ 61)

③

	2	1
+	1	9

(30 ・ 40 ・ 50)

ヒント　一のくらいの　計算(けいさん)が、10より　大きく　なる　ときは、
十のくらいに　1　くり上がるよ。

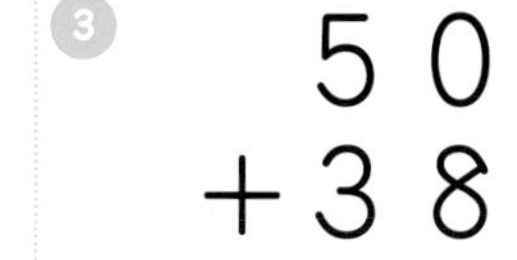

一のくらいから　じゅんに　計算して　いくよ。

つぎの　計算(けいさん)を　しましょう。

① $\begin{array}{r} 31 \\ +15 \\ \hline \end{array}$

② $\begin{array}{r} 26 \\ +41 \\ \hline \end{array}$

③ $\begin{array}{r} 50 \\ +38 \\ \hline \end{array}$

④ $\begin{array}{r} 57 \\ +\ \ 8 \\ \hline \end{array}$

⑤ $\begin{array}{r} 9 \\ +62 \\ \hline \end{array}$

⑥ $\begin{array}{r} 6 \\ +34 \\ \hline \end{array}$

くらいを　たてに　そろえて　ひっ算しよう。

10 さんすう

ひき算の　ひっ算

つぎの　計算(けいさん)を　ひっ算で　します。

□に　あてはまる　数(かず)を　かきましょう。

① 87－41

一のくらい、
十のくらいを
たてに　そろえよう。

	8	7
－	4	1
		□

7－1＝6

	8	7
－	4	1
	□	□

8－4＝4

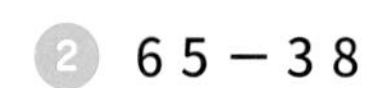

くり下げて　5

	5 ~~6~~	5
－	3	8
		□

十のくらいから
1　くり下げるよ。
15－8＝7

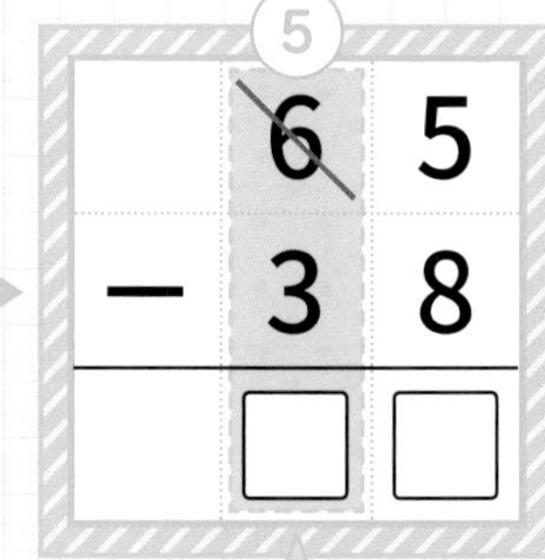

5－3＝2

ひき算も　ひっ算で　計算できるよ。

つぎの　ひっ算の　正しい　答え(こた)を
（　）の　中から　えらんで、　○で　かこみましょう。

①

	5	8
−	2	1

（ 27 ・ 37 ・ 47 ）

②

	9	1
−	3	6

（ 55 ・ 65 ・ 75 ）

③

	7	3
−	2	3

（ 30 ・ 40 ・ 50 ）

ヒント　一のくらいが　ひけない　ときは、
十のくらいから　1　くり下げるよ。

くり下げた　あとの　計算(けいさん)に　気(き)を　つけよう。

つぎの　計算(けいさん)を　しましょう。

① $\begin{array}{r} 37 \\ -13 \\ \hline \end{array}$

② $\begin{array}{r} 48 \\ -41 \\ \hline \end{array}$

③ $\begin{array}{r} 36 \\ -19 \\ \hline \end{array}$

④ $\begin{array}{r} 70 \\ -23 \\ \hline \end{array}$

⑤ $\begin{array}{r} 24 \\ -\ 7 \\ \hline \end{array}$

⑥ $\begin{array}{r} 60 \\ -\ 8 \\ \hline \end{array}$

一のくらいから　じゅんに　計算しよう。

こたえ 9 ページ

100を　こえる　数

100を　こえる　数

星の　数を　数えます。
つぎの　もんだいに　答えましょう。

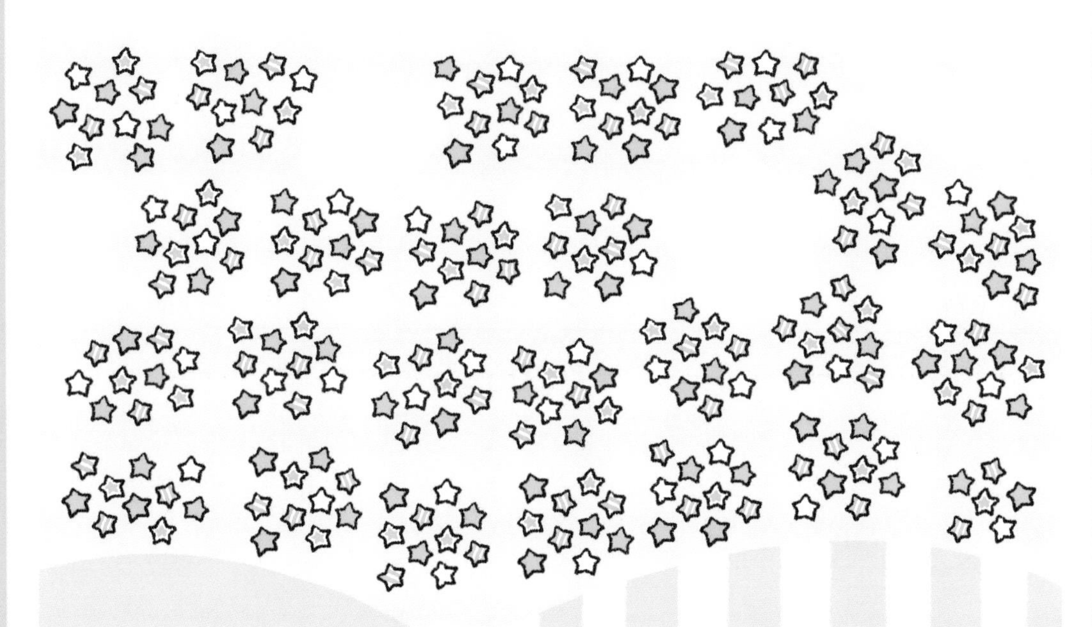

1 10の　まとまりは　何こ
できますか。

（　　　）こ

ヒント　まとまりを
つくって
かこんで
みよう。

2 100の　まとまりは　何こ　できますか。　（　　　）こ

3 星は　ぜんぶで　何こ　ありますか。　（　　　）こ

10や　100の　まとまりを　つくると　数えやすいよ！

つぎの □に あてはまる 数を かきましょう。

❶

❷

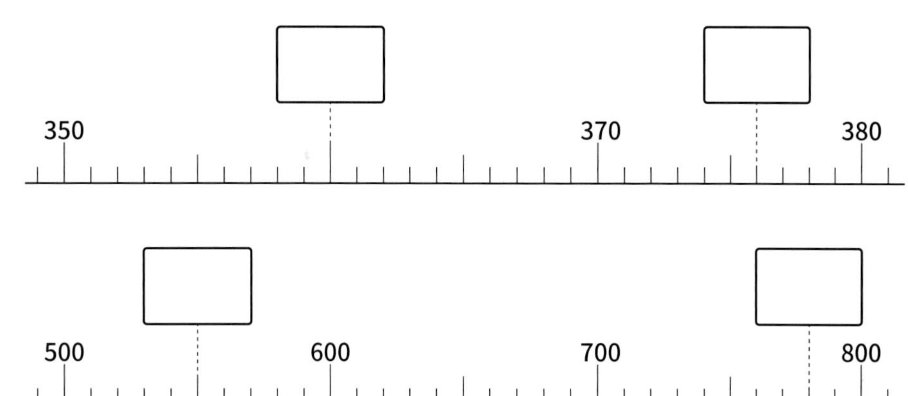

1目もりの 大きさに ちゅういしよう。

つぎの 計算(けいさん)を しましょう。

❶ 60＋70＝□

❷ 40＋80＝□

❸ 160－90＝□

❹ 120－70＝□

❺ 600＋100＝□

❻ 300＋700＝□

❼ 500－200＝□

❽ 1000－400＝□

ヒント ❶

10 が 10 こで 100、100 が 10 こで 1000 だよ。

こたえ 9 ページ

長(なが)さ・かさ

長さ・かさ

つぎの　もんだいに　答(こた)えましょう。

1 つぎの　テープの　長さは　どれだけですか。

㋐

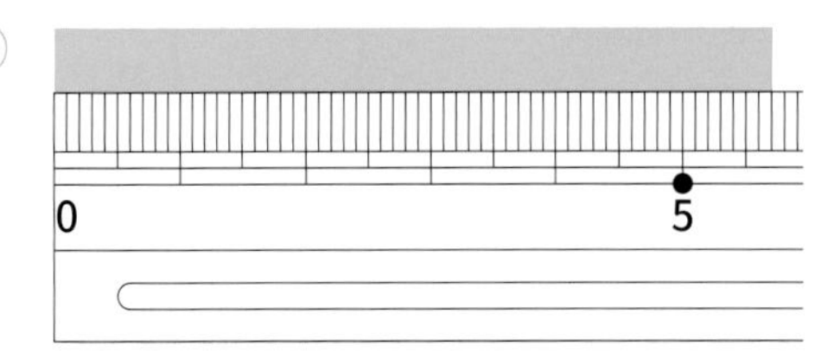

□cm □mm

㋑

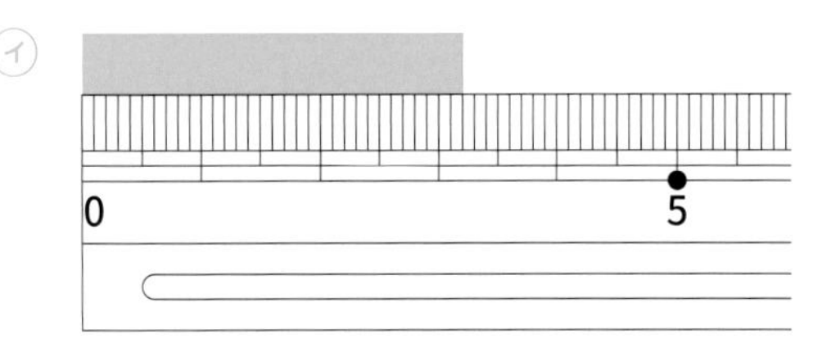

□cm □mm

2 つぎの　かさは　どれだけですか。

㋐

1L　1L　1dL

□L □dL

㋑

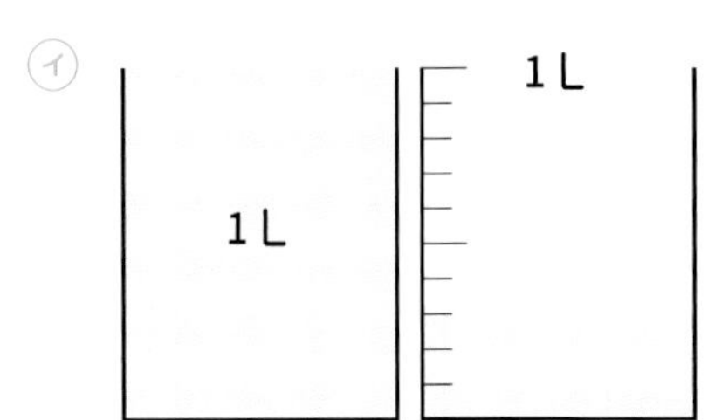

□L □dL

㋒

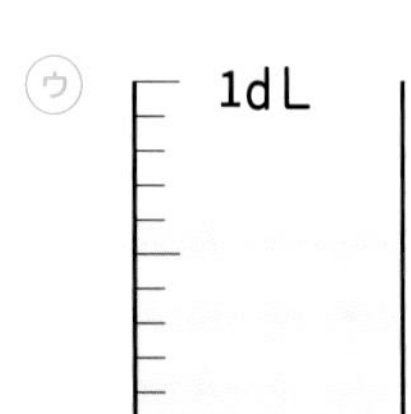

□mL

1dLを　10こに　分(わ)けた　1つ分(ぶん)は　10mLだよ。

17 さんすう

つぎの □に あてはまる 数(かず)を かきましょう。

1. 6cm は □ mm です。
2. 70mm は □ cm です。
3. 3L は □ dL です。
4. 9L は □ mL です。
5. 4dL は □ mL です。

1cm＝10mm
1L＝10dL
1dL＝100mL
1L＝1000mL

たんいの かんけいを しっかり おぼえよう。

つぎの 計算(けいさん)を しましょう。

1. 4cm＋3cm＝□
2. 6cm5mm＋2mm＝□
3. 8mm－3mm＝□
4. 5cm9mm－4mm＝□
5. 2L6dL＋1L＝□
6. 7L4dL＋5dL＝□
7. 9L8dL－6dL＝□
8. 5L3dL－2dL＝□

同(おな)じ たんいどうしで 計算するよ。

Mathematics

たし算の　ひっ算

つぎの　計算を　ひっ算で　します。
□に　あてはまる　数を　かきましょう。

① 93+46

一のくらい、
十のくらいを
たてに　そろえよう。

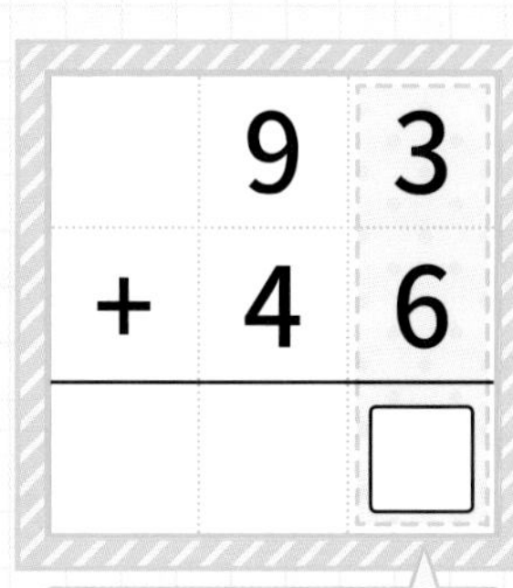

3 + 6 = 9

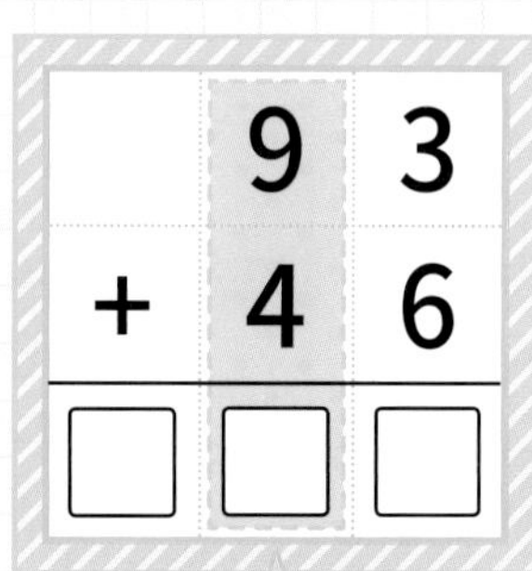

9 + 4 = 13
百のくらいに
1　くり上がるよ。

② 37+84

くり上がった　1

7 + 4 = 11
十のくらいに
1　くり上がるよ。

1 + 3 + 8 = 12
百のくらいに
1　くり上がるよ。

答えが　100 を　こえる　ひっ算だね。

つぎの ひっ算の 正しい 答え(こた)を
( )の 中から えらんで、 〇で かこみましょう。

①

	3	4
+	8	1

(105 ・ 115 ・ 125)

②

	8	6
+	7	5

(161 ・ 171 ・ 181)

③

	6	7
+	3	3

(90 ・ 100 ・ 110)

ヒント 十のくらいの 計算(けいさん)が、10 より 大きく なる ときは、百のくらいに 1 くり上がるよ。

くり上がった 1を わすれずに 計算しよう。

つぎの 計算(けいさん)を しましょう。

① 75 + 62

② 20 + 85

③ 43 + 97

④ 84 + 18

⑤ 95 + 9

⑥ 645 + 36

3けたの 数(かず)の たし算も、2けたの ときと 同(おな)じように 計算できるよ。

ひき算の　ひっ算②

ひき算の　ひっ算

つぎの　計算を　ひっ算で　します。
□に　あてはまる　数を　かきましょう。

① 138 − 59

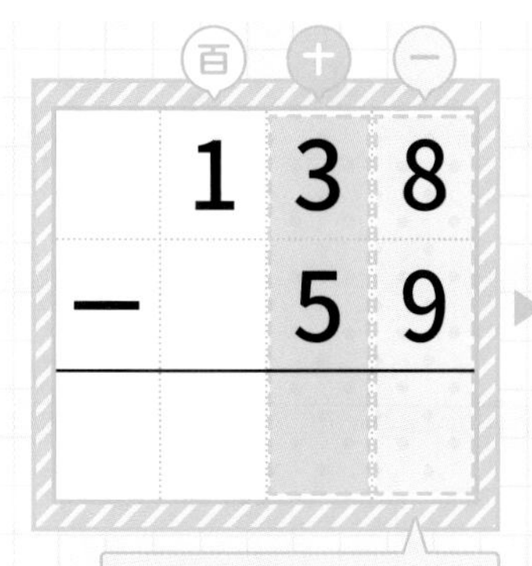

それぞれの　くらいを
たてに　そろえよう。

くり下げて　2

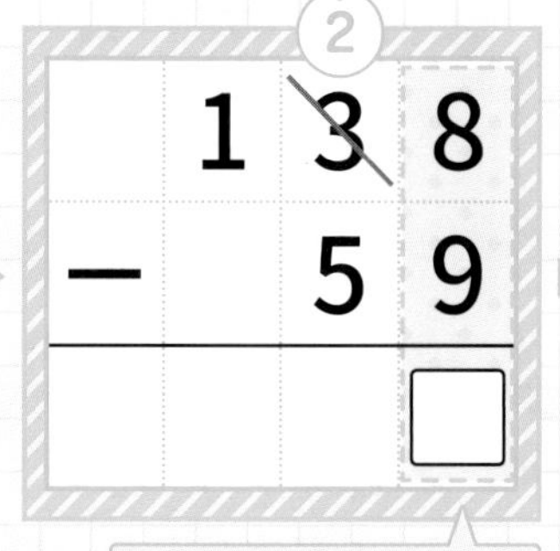

十のくらいから
1　くり下げるよ。
18 − 9 = 9

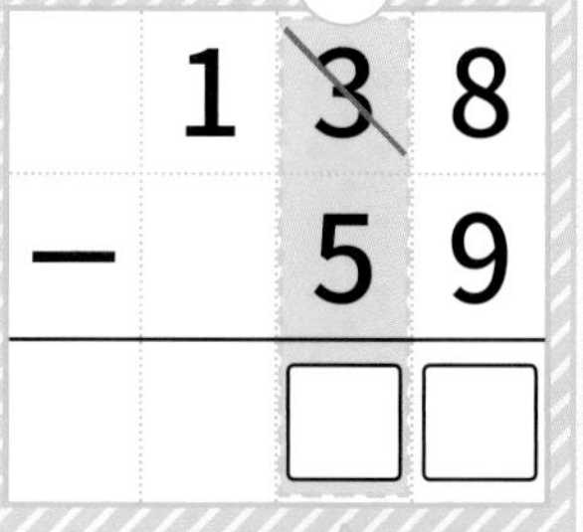

百のくらいから
1　くり下げるよ。
12 − 5 = 7

② 102 − 67

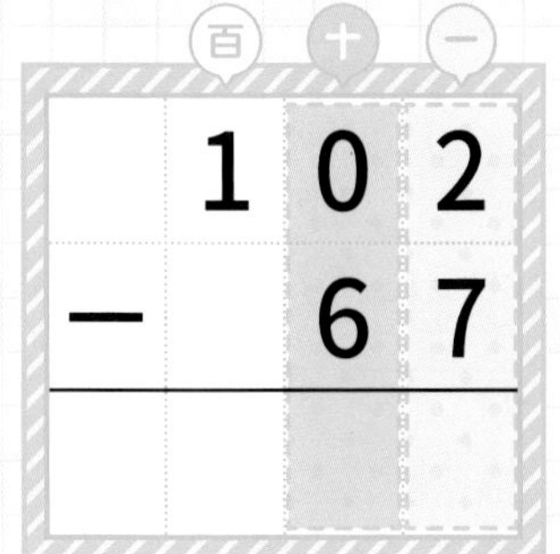

くり下げて　9

9
1 0 2
− 6 7

百のくらいから　1　くり下げて、
十のくらいを　10 に　するよ。
十のくらいから　1　くり下げるよ。
12 − 7 = 5

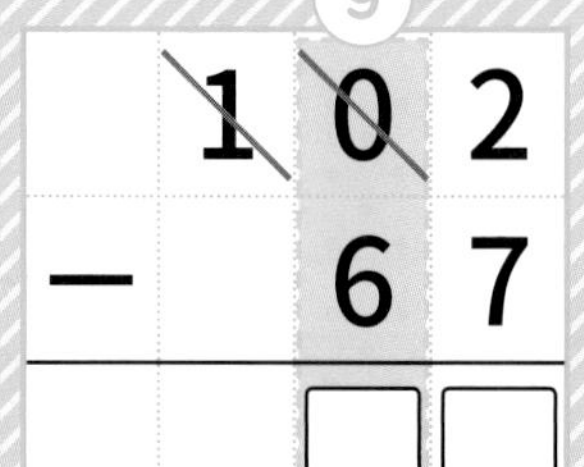

9 − 6 = 3

十のくらいが　0 の　ときは、百のくらいから　くり下げるよ。

つぎの　ひっ算の　正しい　答えを
(　)の　中から　えらんで、　〇で　かこみましょう。

①

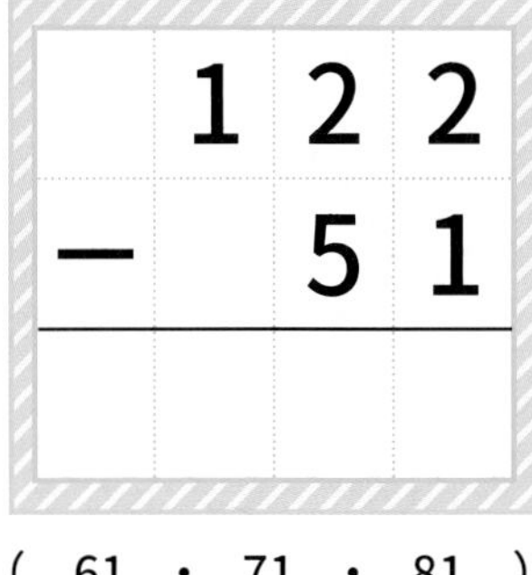

(61 ・ 71 ・ 81)

②

$$\begin{array}{r} 106 \\ -\ \ 78 \\ \hline \end{array}$$

(28 ・ 38 ・ 128)

③

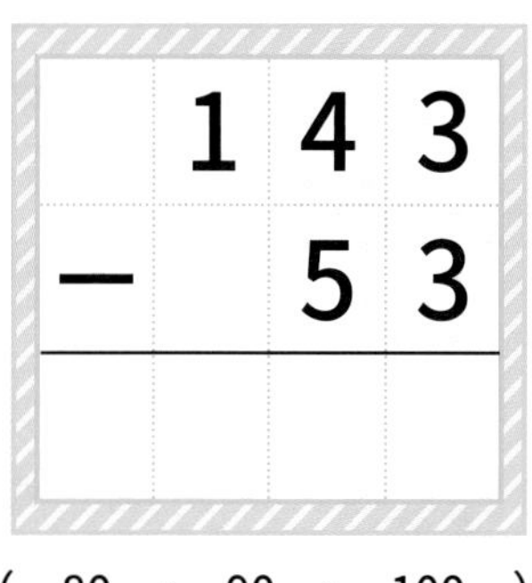

(80 ・ 90 ・ 100)

ヒント　一のくらいが　ひけない　ときは、
十のくらいから　1　くり下げるよ。

一のくらいから　じゅんに　計算して　いくよ。

つぎの　計算を　しましょう。

① $\begin{array}{r} 178 \\ -\ \ 94 \\ \hline \end{array}$

② $\begin{array}{r} 135 \\ -\ \ 46 \\ \hline \end{array}$

③ $\begin{array}{r} 113 \\ -\ \ 53 \\ \hline \end{array}$

④ $\begin{array}{r} 107 \\ -\ \ 39 \\ \hline \end{array}$

⑤ $\begin{array}{r} 104 \\ -\ \ 66 \\ \hline \end{array}$

⑥ $\begin{array}{r} 542 \\ -\ \ 34 \\ \hline \end{array}$

2けたの　ときと　同じように　計算しよう。

こたえ 10 ページ

たし算と　ひき算・しきと　計算

25 さんすう

たし算と　ひき算

めありさんと　かいりさんは　つぎの
計算の　しかたを　考えて　います。
□に　あてはまる　数を　かきましょう。

① 14＋8

めあり：答えは　20より　大きく　なりそう。

かいり：まずは　8を　分けて　20を　つくろう！

めあり：8は　□と　2に　分けられるね。

かいり：14に　6を　たして　□だね。

めあり：20と　2で　答えは　□だね！

② 22－7

かいり：答えは　20より　小さく　なりそう。

めあり：まずは　22を　分けて　20を　つくろう。

かいり：22は　20と　□に　分けられるね。

めあり：20から　7を　ひいて　□に　なるよ。

かいり：13と　2で　答えは　□だね！

たし算や　ひき算では　何十のような　ぴったりの　数を　つくろう。

( )を　つかった　しき

つぎの　もんだいを　考(かんが)えます。

へやに　子どもが　14人　いました。
そこへ　3人　入って　来(き)ました。
また　7人　入って　来ました。
子どもは　何(なん)人に　なりましたか。

何人　入って　来たかを　まとめて　考えた　しきを　えらび、
記(き)ごうで　答(こた)えましょう。

㋐　14＋3＋7　　　㋑　14＋(3＋7)

まとめて　考えた　しきは　□　です。

入って　来た　人数(にんずう)を　まとめて　考える　ことが　できるね。

つぎの　□に　あてはまる　>、<、＝を　かきましょう。

1. 30＋40 □ 70
2. 50 □ 80－20
3. 130－60 □ 60
4. 120 □ 70＋60
5. 20＋30＋80 □ 20＋(30＋80)
6. 40＋20＋70 □ 50＋(20＋70)

ヒント
数(かず)が　同(おな)じ　ときは
「＝」を　つかって　あらわすよ。

(大きい　数)>(小さい　数)、(小さい　数)<(大きい　数)と　あらわすよ。

Mathematics

かけ算

28 さんすう

かけ算

つぎの　数を　あらわして　いる　ものを　えらび、
記ごうで　答えましょう。

1　3この　2つ分

㋐ 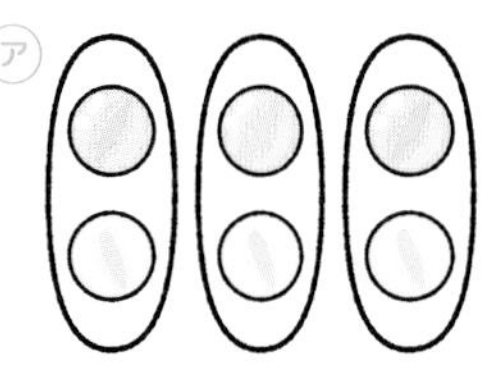
㋑ 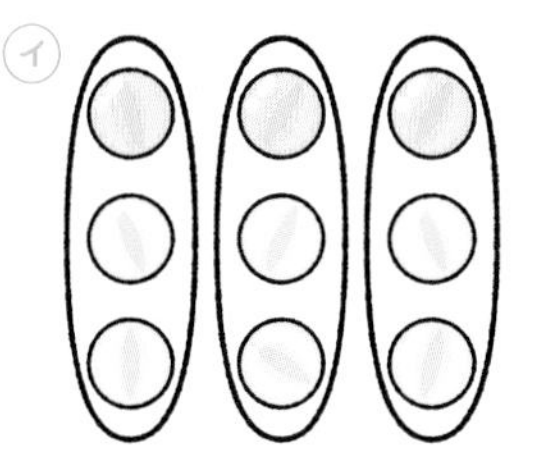
㋒ 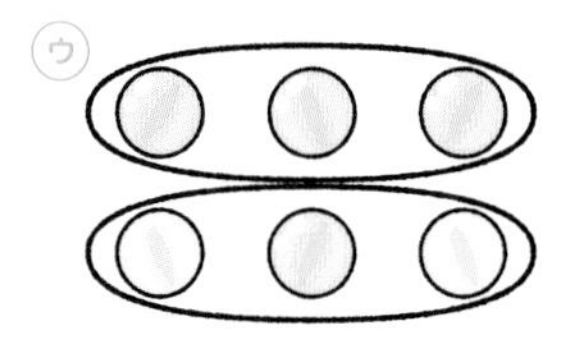

答え □

2　6この　2つ分

㋐ 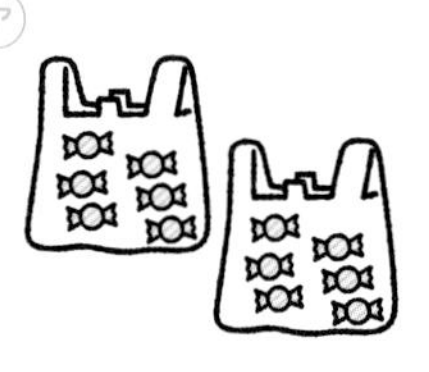
㋑ 
㋒ 

答え □

3　5人の　4つ分

㋐ 
㋑ 
㋒ 

答え □

「3この　2つ分」は、3×2と　あらわす　ことが　できるよ。

Mathematics

つぎの 計算(けいさん)を しましょう。

① 2×3=□　　② 5×3=□

③ 8×6=□　　④ 1×7=□

⑤ 3×9=□　　⑥ 7×4=□

⑦ 3×1=□　　⑧ 6×5=□

九九(くく)を おぼえよう。

答(こた)えが 同(おな)じに なる かけ算を 線(せん)で つなぎましょう。

8×3	4×9
3×4	8×2
6×6	2×6
4×4	6×4

それぞれ 九九(くく)を つかって 計算(けいさん)して みよう。

三角形と　四角形

三角形と　四角形

つぎの　もんだいに　答えましょう。

1 つぎの　ア～カから　三角形と　四角形を　ぜんぶ　えらび、記ごうで　答えましょう。

三角形（　　　　　　）

四角形（　　　　　　）

2 □に　あてはまる　数を　かきましょう。

三角形は、□つの　辺で　かこまれて　いて、

ちょう点が　□つ　あります。

四角形は、□つの　辺で　かこまれて　いて、

ちょう点が　□つ　あります。

ヒント　三角形や　四角形で、まわりの　ひとつひとつの直線を　「辺」、かどの　点を　「ちょう点」と　いうよ。

三角形や　四角形が　どんな　形か　せつ明して　みよう。

つぎの ア～カから 長方形（ちょうほうけい）、正方形（せいほうけい）、直角三角形（ちょっかくさんかくけい）を 1つずつ えらび、記（き）ごうで 答（こた）えましょう。

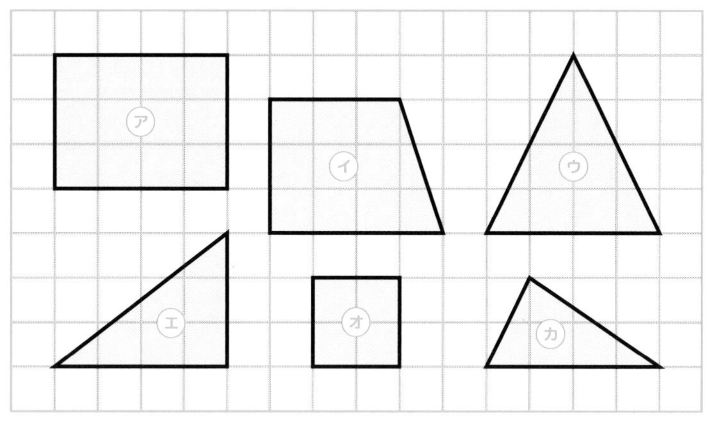

ヒント
三角じょうぎや 教科書（きょうかしょ）の かどを あてて、直角か どうかを しらべよう。

長方形 （　　） 正方形 （　　） 直角三角形 （　　）

かどや 辺（へん）の 長（なが）さに ちゅう目しよう。

つぎの 方（ほう）がん紙（し）に、長方形（ちょうほうけい）や 直角三角形（ちょっかくさんかくけい）を かきましょう。

1 2つの 辺（へん）の 長（なが）さが 3cmと 4cmの 長方形
2 直角に なる 2つの 辺の 長さが 4cmと 2cmの 直角三角形

1
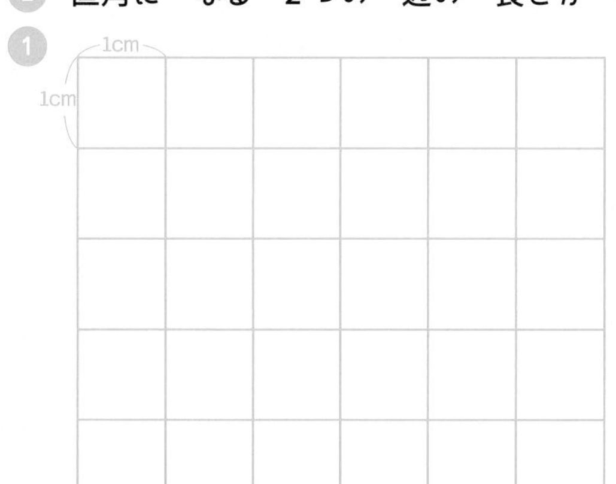

2
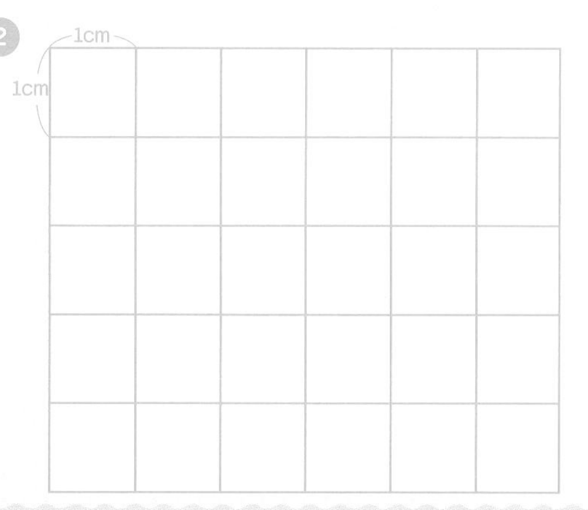

先に ちょう点（てん）を きめると かきやすいよ。

こたえ 12ページ

さんすうの
おべんきょう
12

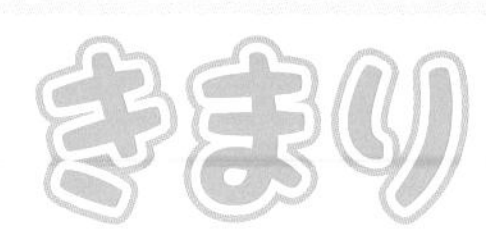

九九の　きまり

九九の　きまり

ひなたさんと　あおいさんは、右の　九九の　ひょうを見て、九九の　きまりを考えて　います。
□に　あてはまる　数や　ことばを　かきましょう。

かける数 →／かけられる数 ↓

	1	2	3	4	5	6	7	8	9
1	1	2	3	4	5	6	7	8	9
2	2	4	6	8	10	12	14	16	18
3	3	6	9	12	15	18	21	24	27
4	4	8	12	16	20	24	28	32	36
5	5	10	15	20	25	30	35	40	45
6	6	12	18	24	30	36	42	48	54
7	7	14	21	28	35	42	49	56	63
8	8	16	24	32	40	48	56	64	72
9	9	18	27	36	45	54	63	72	81

ひなた：2のだんの　九九に　ついて　考えよう。

あおい：2のだんでは　かける数が　1　ふえると
答えは　□　ふえて　いるね。

ひなた：5のだんでは　どう　なって　いるかな？

あおい：5のだんでは　かける数が　1　ふえると
答えは　□　ふえて　いるよ。

ひなた：2のだんでも　5のだんでも　かける数が
1　ふえると、答えは　□　数
だけ　ふえて　いるね。

ほかの　だんでも　考えて　みよう。

Mathematics

答えが　同じに　なる　かけ算を　線で　つなぎましょう。

4×5	9×8
3×2	5×4
8×9	6×7
7×6	2×3

かけられる数と　かける数に　ちゅう目して　考えて　みよう。

6 × 11 の　答えを　もとめます。
つぎの　□に　あてはまる　数を　かきましょう。

6 のだんでは、　かける数が　1　ふえると、

答えは　□　ずつ　ふえます。

6×9＝54 だから、

6×11＝54＋6＋□　＝　□

ヒント

6×8＝48
　↓ 1 ふえる　6 ふえる
6×9＝54
　↓ 1 ふえる　6 ふえる
6×10＝?
　↓ 1 ふえる　6 ふえる
6×11＝?

九九に　ない　かけ算も、くふうして　計算できるよ。

Mathematics

こたえ 12 ページ

さんすうの おべんきょう

13 100cmを こえる 長(なが)さ

100cmを こえる 長さ

つぎの ものの 長さを 考(かんが)えて、
□に あてはまる たんいを かきましょう。

① えんぴつの 長さは 16 □ です。

② 花だんの よこの 長さは 3 □ です。

③ 水とうの 高(たか)さは 225 □ です。

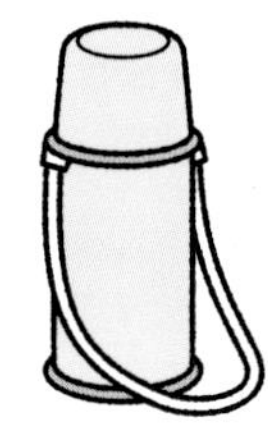

④ 家(いえ)の 高さは 8 □ です。

⑤ ノートの たての 長さは 26 □ です。

mm、cm、m の どれが ちょうど いいかな。

Mathematics

38 さんすう

つぎの □に あてはまる 数を かきましょう。

① 1m37cm＝□cm

② 600cm＝□m

③ 240cm＝□m□cm

④ 5m70cm＝□cm

⑤ 3m4cm＝□cm

③ 240cm は 200cm と 40cm に 分けて 考えよう。

1m は 100cm だよ。

39 さんすう

つぎの 計算を しましょう。

① 4m10cm＋60cm＝□

② 7m＋20cm＝□

③ 3m80cm－30cm＝□

④ 5m40cm－3m＝□

⑤ 6m20cm－20cm＝□

① 10cm と 60cm を あわせると 何cm かな。

同じ たんいどうしを 計算しよう。

Mathematics

こたえ 12 ページ

さんすうの
おべんきょう
14

1000を　こえる　 数（かず）

1000を　こえる　数

めありさんと　あおいさんが　「五千七百三十八」と　いう
数に　ついて　話（はなし）を　して　います。
□に　あてはまる　数を　かきましょう。

めあり：五千七百三十八は　どんな　数かな？

千	百	十	一
1000 1000 1000 1000 1000	100 100 100 100 100 100 100	10 10 10	1 1 1 1 1 1 1 1

あおい：五千七百三十八は　1000を　□こ、
100を　□こ、10を　□こ、
1を　□こ　あわせた　数だよ。

めあり：数字（すうじ）で　かくと　□だね。

あおい：ほかにも　数字で　かいて　みよう。
三千九百十六を　数字で　かくと
□だね。

めあり：千二百五十一を　数字で　かくと
□だよ。

1000の　数を　かく　くらいを　「千のくらい」と　いうよ。

Mathematics

8900は　100が　何(なん)こ　あつまった　数なのかを
考(かんが)えて、□に　あてはまる　数を　かきましょう。

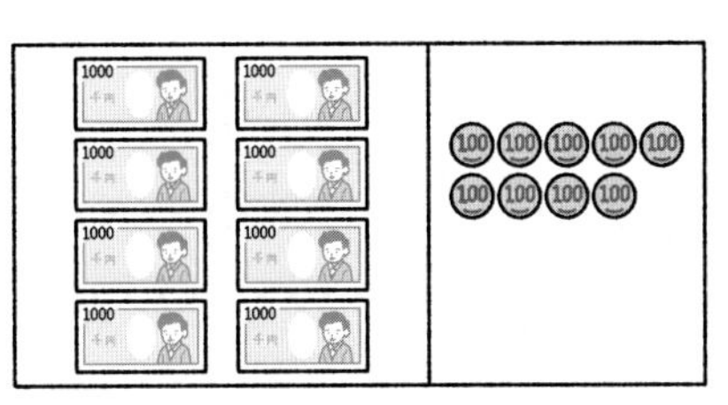

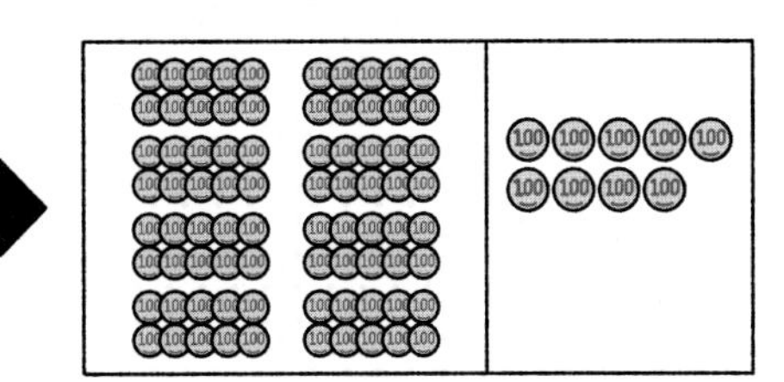

1　8900は　8000と　[　　]を　あわせた　数です。

2　8000は　100を　[　　]こ、900は　100を　[　　]こ
あつめた　数だから、8900は　100を　[　　]こ　あつめた　数です。

1000は　100が　10こ　あつまった　数だよ。

下の　数の直線(ちょくせん)を　見て、つぎの　もんだいに
答(こた)えましょう。

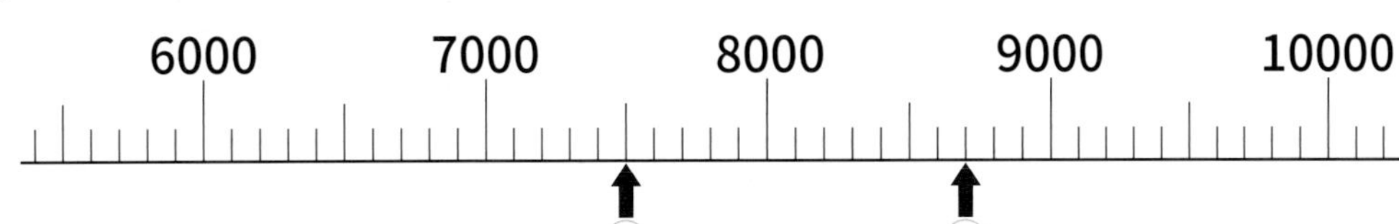

1　1目もりの　大きさを　かきましょう。

(　　　　)

2　アと　イに　あたる　数を　答(こた)えましょう。

ア(　　　　)　イ(　　　　)

6000と　7000の　間(あいだ)に、目もりは　何(なん)こ　あるかな？

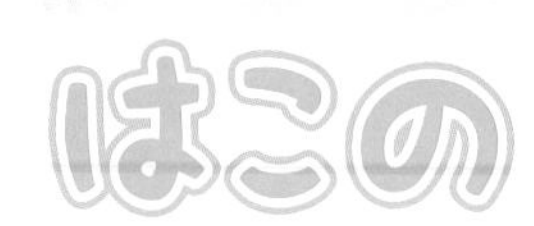

43 さんすう

はこの 形

下のような 6つの 面を テープで つないで
はこを つくりました。
つぎの もんだいに 答えましょう。

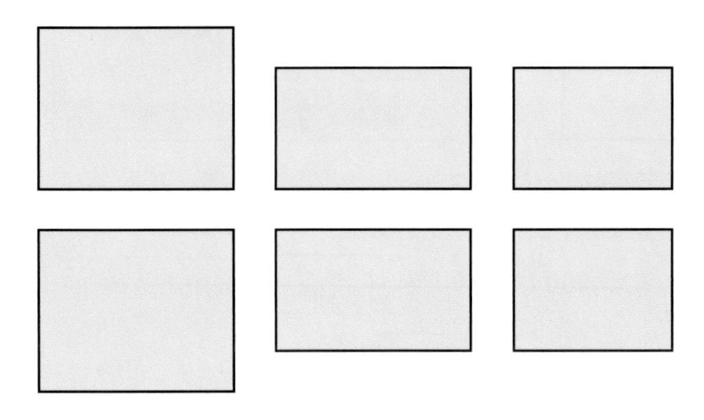

1 どのような はこが できますか。
ア、イから えらび、記ごうで 答えましょう。

ア

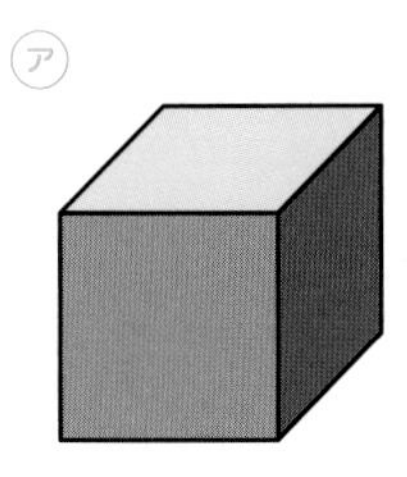

イ

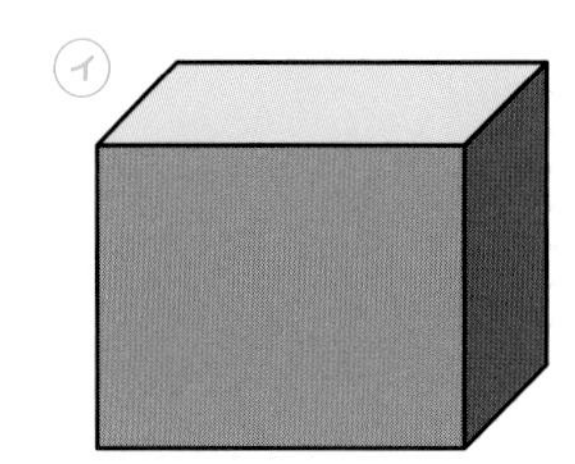

(　　)

2 できた はこの 辺と ちょう点は それぞれ いくつ ありますか。

辺(　　) ちょう点(　　)つ

ヒント はこの 面は、長方形や 正方形の 形を して いるよ。

はこの 形の 面、辺、ちょう点の 数は きまって いるよ。

44 さんすう

分数

つぎの　大きさは、もとの　大きさの　何分の一ですか。

① 3つに　分けた　1つ分

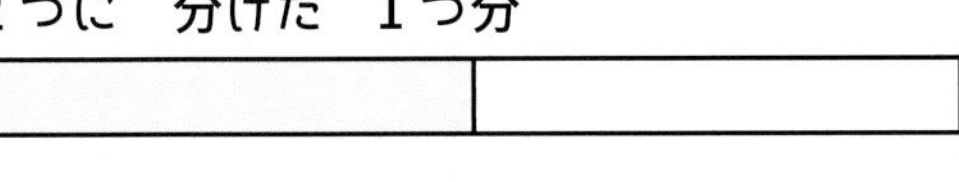

② 2つに　分けた　1つ分

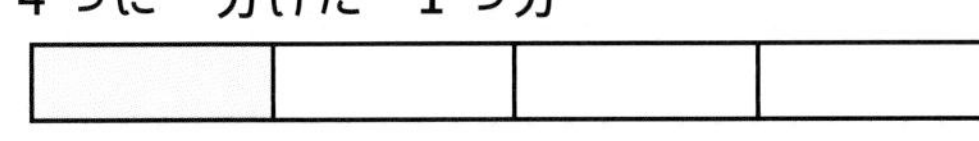

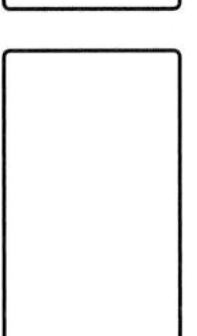

③ 4つに　分けた　1つ分

POINTはココだよ!　これらの　数を　分数と　いうよ。

45 さんすう

つぎの　大きさに　色を　ぬりましょう。

① $\frac{1}{2}$

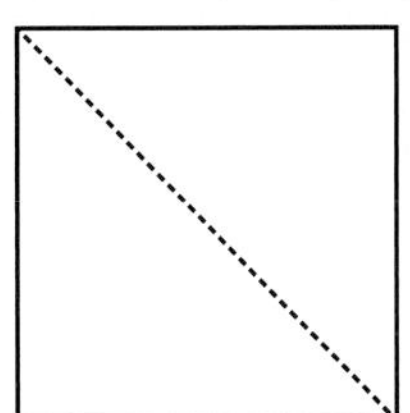

② $\frac{1}{4}$

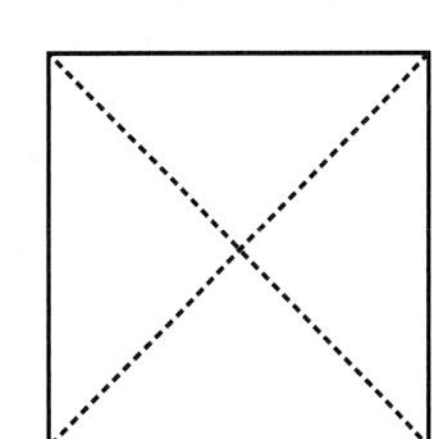

③ $\frac{1}{3}$

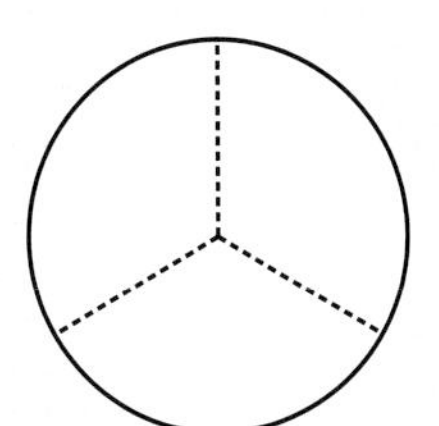

④ $\frac{1}{8}$

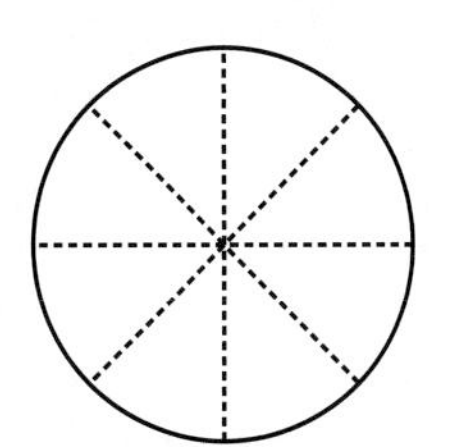

POINTはココだよ!　もとの　大きさが　同じ　大きさに　分けられて　いるね。

こたえ 13 ページ

さんすうのおべんきょう

16

ポイントチェック

２年生で　学ぶ　算数の　だいじな　ことを　まとめたよ。
かくにんしよう。

☑ 1時間＝60分
☑ 1日＝24時間

10が　10こで　100
100が　10こで　1000

☑ 1L＝10dL＝1000mL
☑ 1dL＝100mL

☑ 1cm＝10mm
☑ 1m＝100cm

☑ 三角形…３本の　直線で　かこまれて　いる　形
☑ 四角形…４本の　直線で　かこまれて　いる　形

☑ 長方形…かどが　みんな　直角に　なって　いる　四角形
☑ 正方形…かどが　みんな　直角で、
辺の　長さが　みんな　同じ　四角形
☑ 直角三角形…1つの　かどが　直角に　なって　いる　三角形

$\frac{1}{2}$、$\frac{1}{3}$のような　数を　分数と　いい、二分の一、三分の一と　よむ。

まとめて　計算する　ときは　(　)を　つかう。
(　)の　中は　先に　計算する。

２年生の　算数は　これで　バッチリだね！

Mathematics

Living Environment Studies

～せいかつの　おべんきょう～

もくじ

野さいを　そだてよう①

1 せいかつ

野さいの　ことを　知ろう

野さいの　名前を　□から　えらんで、
(　)に　書きましょう。
うすい　線を　なぞって、色も　ぬりましょう。

①

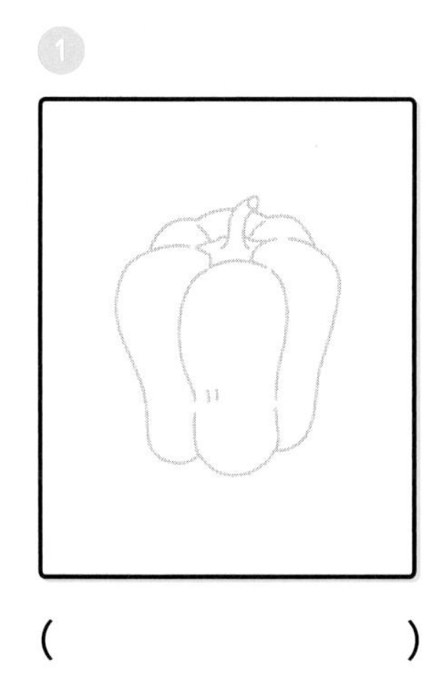

(　　　　　　　　)

②

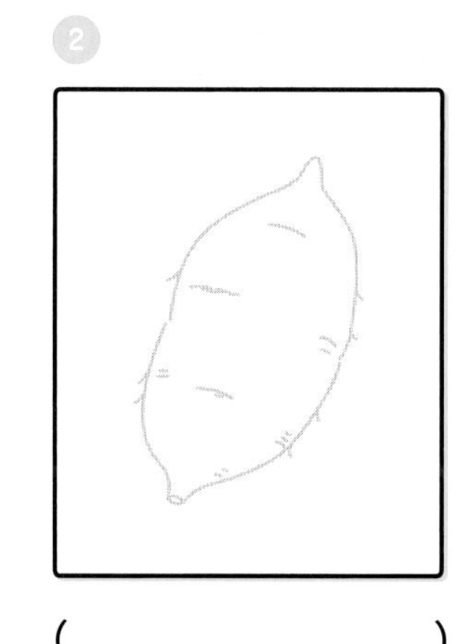

(　　　　　　　　)

③

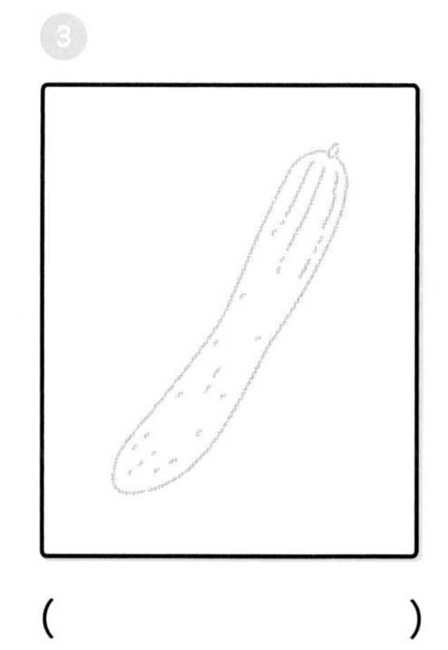

(　　　　　　　　)

④

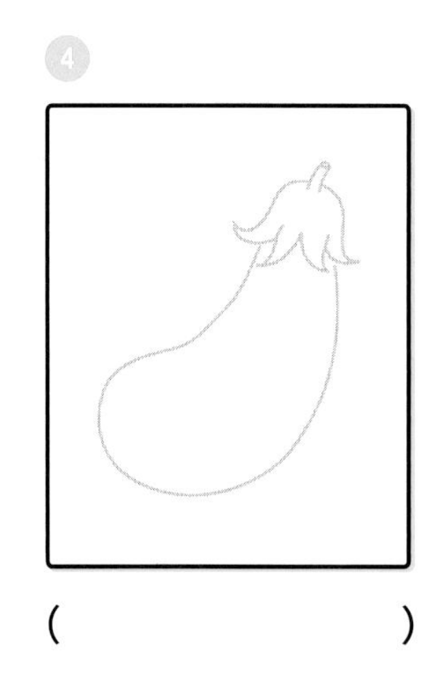

(　　　　　　　　)

⑤

(　　　　　　　　)

キュウリ　　サツマイモ　　トマト　　ナス　　ピーマン

野さいに　よって　色や　形が　ちがうよ。

野さいの　なえを　うえます。うえる　じゅん番に　ならべて、カードの　左上の　文字を　□に　書きましょう。

土を　かけ、上から
かるく　おさえる。

なえを　そっと
とり出し、うえる。

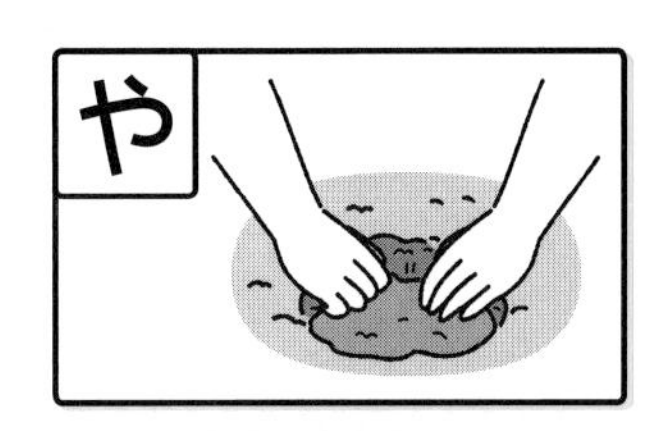

なえが　入る　大きさの
あなを　ほる。

うえた　あとに　たくさん　水を　やろう。

左の　絵に　合う　ことを　言って　いるのは　どちらですか。
(　)に　名前を　書きましょう。

1

(　　　　　　　　)

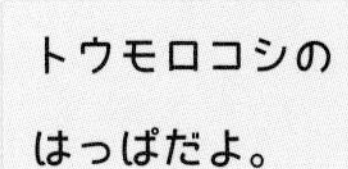

いおり

2

(　　　　　　　　)

ピーマンの
はっぱだよ。

あさひ

どんな　とくちょうが　あるかな。よく　見て　みよう。

Living Environment Studies

野さいを　そだてよう②

野さいの　せわを　しよう

ミニトマトを　そだてます。こんな　とき、どう　しますか。
正しい　ほうを　えらんで、絵の　○を　えんぴつで
なぞりましょう。

1

わきめが　出て　きた！

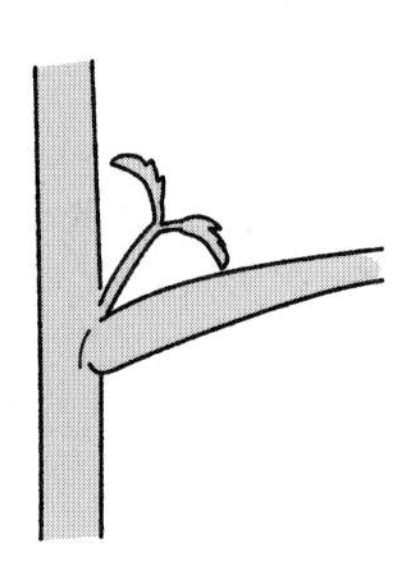

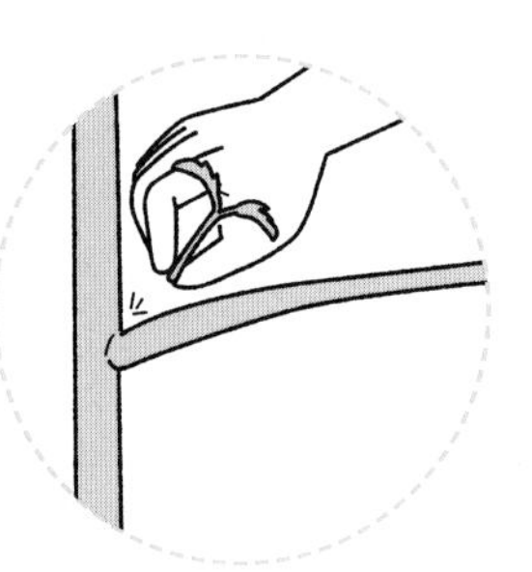

ア　わきめを　つむ。

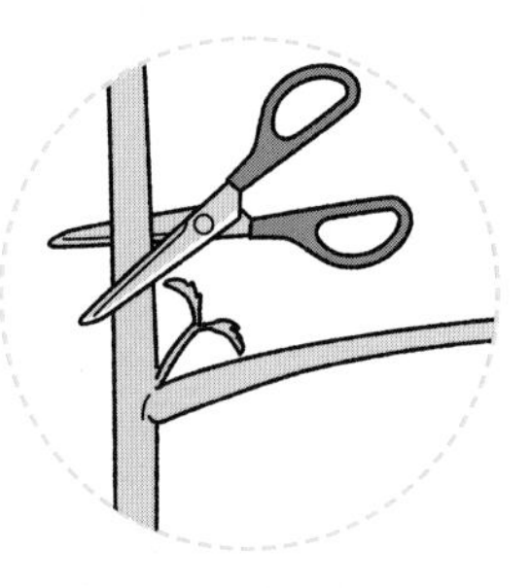

イ　太い　ほうの　くきを　切る。

2

土が　かわいて
元気が　ない！

ア　日かげに　おく。

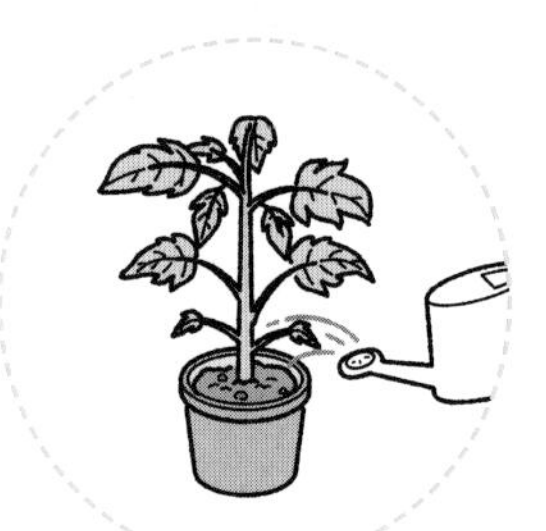

イ　水を　やる。

元気に　大きく　そだてる　ためには、どう　したら　いいかな。

ミニトマトの　せい長の　ようすを　絵に　かきました。
せい長の　じゅん番に　ならべかえると、
２番目は　だれの　絵ですか。(　)に　名前を　書きましょう。

(　　　　　　　　)

なえを　うえてから　しゅうかくするまでを　ふりかえろう。

キュウリの　かんさつ日記を　書きました。
日記に　かくのは、どんな　絵ですか。
(　)に　○を　書きましょう。

キュウリの　かんさつ
6月15日

キュウリの　花が
さきました。

ア

(　　　)

イ

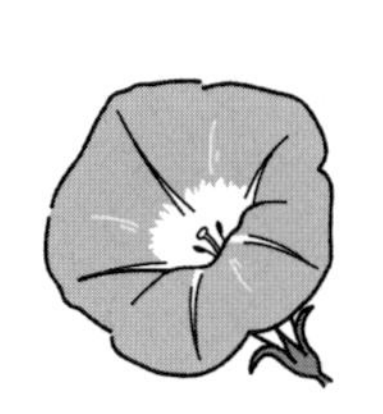

(　　　)

ウ

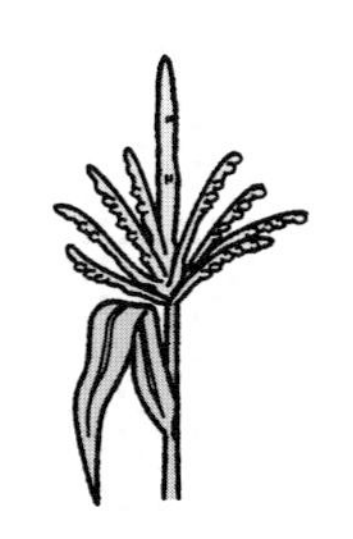

(　　　)

3つの　花の　名前が　わかるかな。

Living Environment Studies

町たんけんに 行こう

自分たちの すむ 町を たんけんしよう

町たんけんを します。
よくない ことを して いる ようすを 3つ えらんで、
○で かこみましょう。
[ ]の 文字も なぞりましょう。

道に とび出したり しんごうが 赤の ときに わたったり せず、

[交通ルール]を まもりましょう。

きけんな ところには 近づかないように して、

[あんぜんに] 町たんけんを しましょう。

かっ手に お店の ものに ふれては いけません。

ルールを たしかめて あんぜんに 町たんけんを しよう。

町で　はたらいて　いる　人たちです。
しつもんに　あう　人を　えらんで、
(　)に　記(き)ごうを　書(か)きましょう。

㋐ 

㋑ 

㋒ 

1. しょうぼうしょで　はたらいて　いる　人　(　　　)
2. スーパーで　はたらいて　いる　人　(　　　)
3. 交番(こうばん)で　はたらいて　いる　人　(　　　)

どんな　かっこうを　して　いるか、よく　見て　みよう。

図書(としょ)かんに　はる　ポスターを　作(つく)りました。
まちがえて　いる　ものが　1まい　あります。
(　)に　×を　書(か)きましょう。

㋐

本を　かりたい　人は、
かし出しカードを
作りましょう。
(　　　)

㋑

コンピュータで
本を　さがす　ことが
できます。
(　　　)

㋒

自(じ)ゆうに　何(なん)さつでも
かりる　ことが
できます。
(　　　)

図書かんの　り用(よう)の　し方(かた)を　思(おも)い出そう。

せいかつの
おべんきょう

04 どんな　生きものが　見つかるかな

生きものを　見つけよう

どこで　どんな　生きものを　見つけましたか。
[　]の　文字を　なぞりましょう。

生きもの　見つけたよ！

① 校ていの　石の　下

[ダンゴムシ]

② [公園の　木]

クワガタ

③ [川の　中]

メダカ

④ 草むらの　中

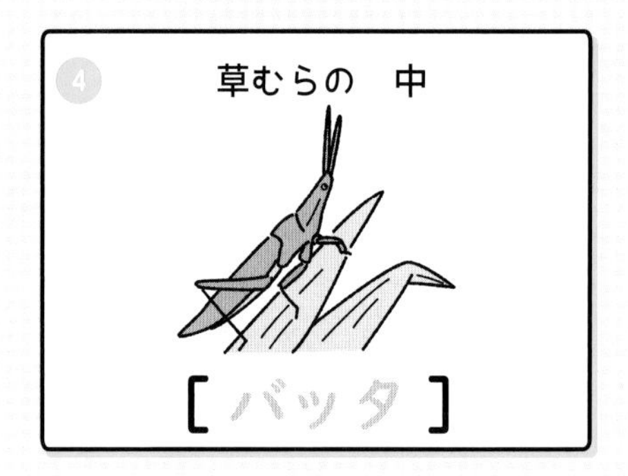

[バッタ]

生きものを　さがしに　いく　ときは、あみや　バケツなどを
用(よう)いし、[ぼうし]を　かぶって　いきましょう。
田んぼや　はたけなどで　生きものを　さがす　ときは、
のう家(か)の　人に　入っても　よいか、[かくにん]しましょう。

生きものに　よって、すんで　いる　場(ば)しょが　ちがうよ。

アゲハを そだてます。
正しいのは だれの しいくばこですか。
( )に 名前を 書きましょう。

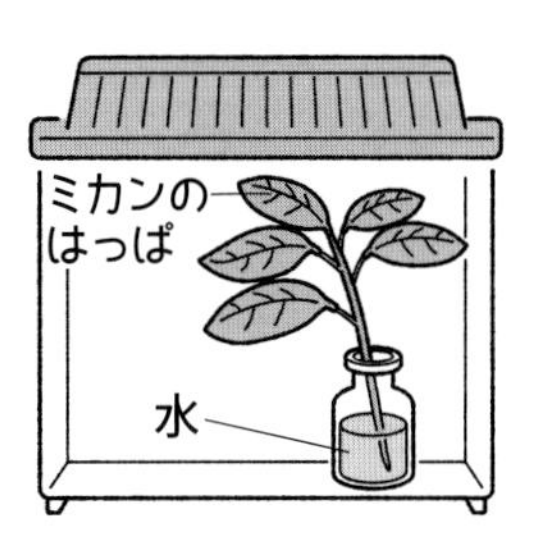

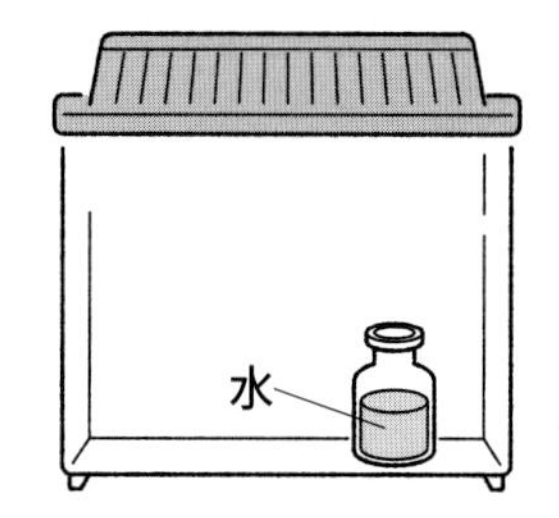

ひかる　なつき　りつ

( )

えさに ちゅう目しよう。

せい長すると、すがたが 大きく かわる 生きものです。
絵と 名前を 線で つなぎましょう。

①

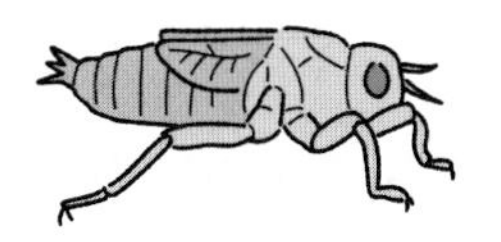

②

③

㋐ カエル　㋑ アゲハ　㋒ トンボ

せい長と ともに、すむ 場しょが かわる ものも いるよ。

こたえ 15 ページ

おもちゃを　作ろう

13 せいかつ 道ぐを　つかって　作ろう

お店で　道ぐが　売られて　いました。
あいて　いる　ところに　入る　ものを　□から　えらんで、記ごうを　書きましょう。

切る　道ぐ

はさみ　①

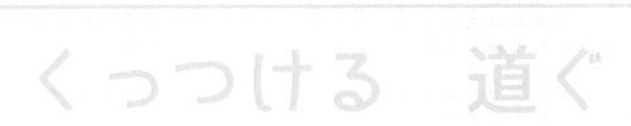

くっつける　道ぐ

のり　②　セロハンテープ

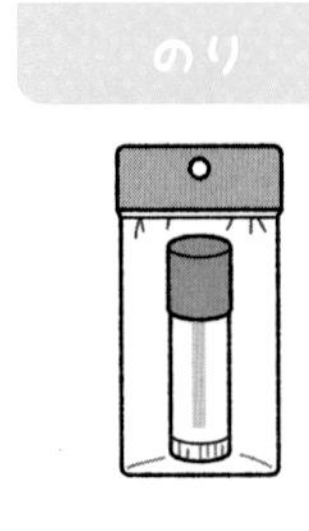

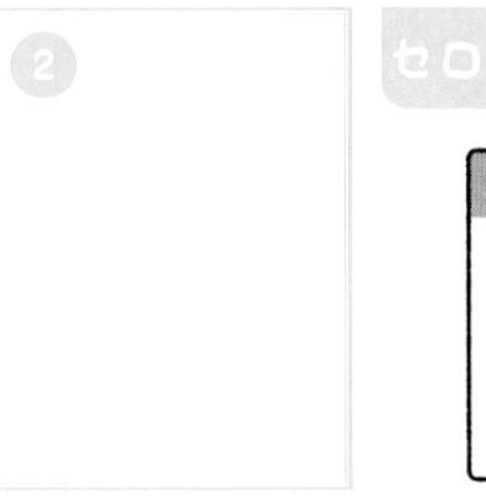

あなを　あける　道ぐ

③　パンチ

かく　道ぐ

④　えんぴつ　ペン

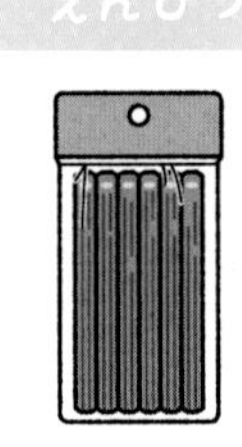

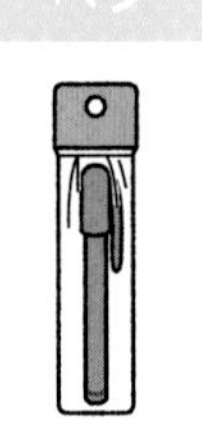

㋐ 千まい通し

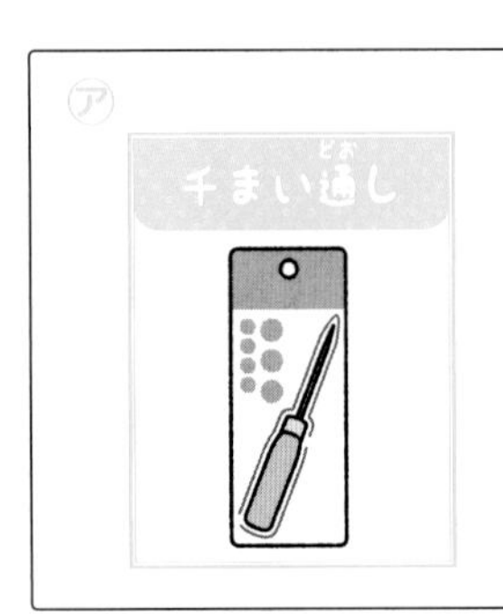

㋑ クレヨン

㋒ カッターナイフ

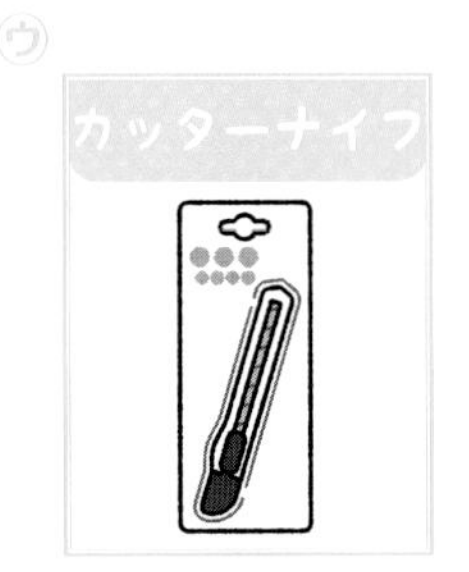

㋓ せっちゃくざい

どのように　つかう　道ぐなのか、考えよう。

何を　つかった　おもちゃですか。
絵と　ことばを　線で　つなぎましょう。

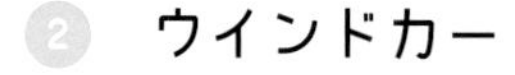

① ごろごろにゃんこ　② ウインドカー　③ 魚つり

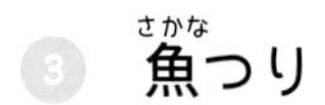

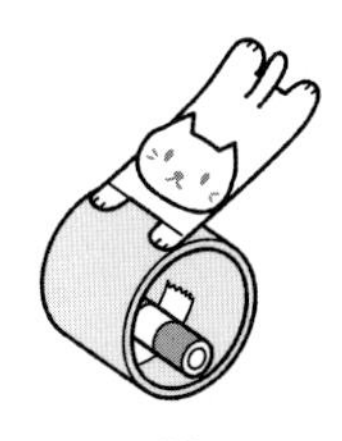

㋐ おもり　㋑ じ石　㋒ 風の　力

どのような　しくみで　うごくのか、そうぞうして　みよう。

ゴムの　力を　つかって　紙コップを　とばす　おもちゃを作りました。より　遠くに　とばす　くふうを　した　人をえらんで、(　)に　名前を　書きましょう。

ゴムを　ふやして　みよう。　ゆづき

つむぎ　ゴムを　ゆるめて　みよう。

ゴムを　へらして　みよう。　しのぶ

もう　1つの　紙コップに
かさねてから　手を　はなす。

(　　　　　　　　　　)

遠くに　とばすには、強い　力が　ひつようだよ。

Living Environment Studies

きせつだより

16 せいかつ

きせつの　生きものを　さがそう

夏(なつ)に　見られる　生きものには　○、秋(あき)や　冬(ふゆ)に　見られる　生きものには　△を、□に　書(か)きましょう。

1 ヒマワリ

2 シオカラトンボ

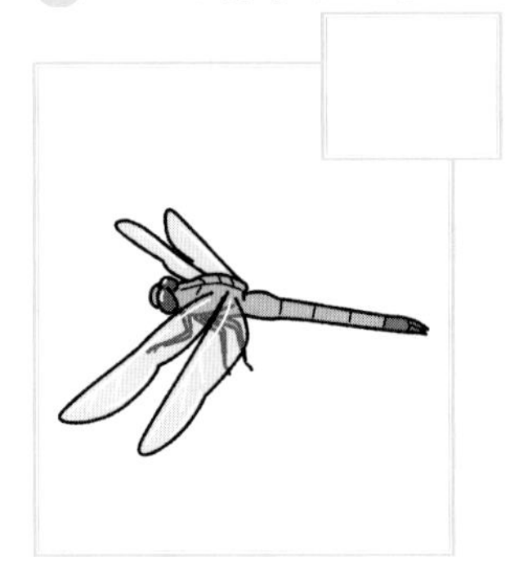

3 アキアカネ

4 キンモクセイ

5 コオロギ

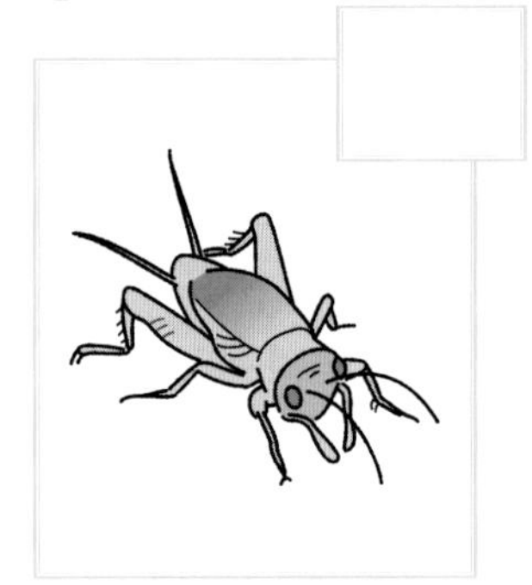

6 カブトムシ

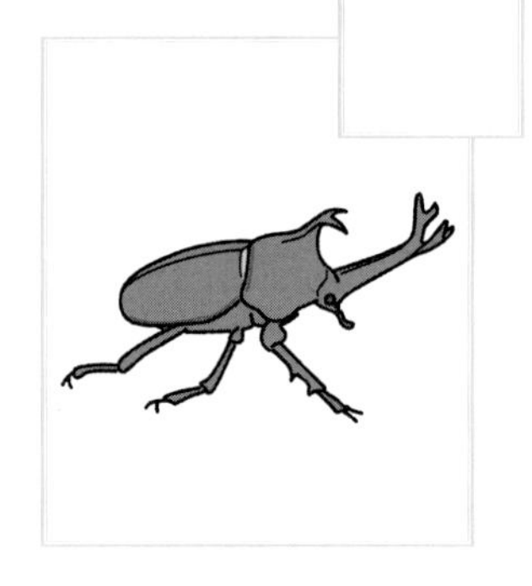

7 アジサイ

8 アサガオ

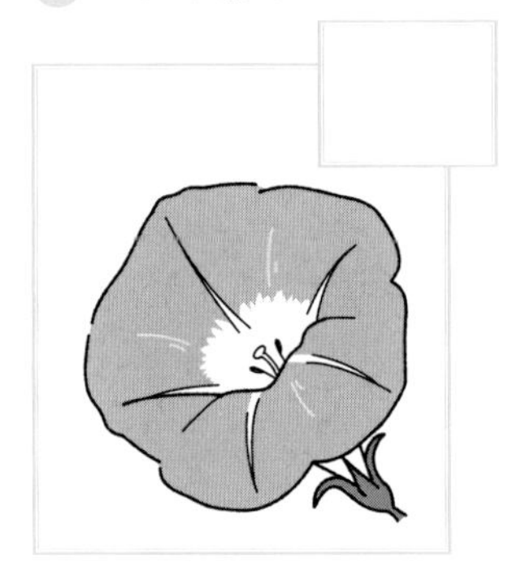

9 マガモ

POINTは ココだよ!　きせつに　よって　見られる　生きものや　その　ようすが　ちがうよ。

すきな　きせつの　話（はなし）を　して　います。
2人が　すきな　きせつと　同（おな）じ　きせつの　絵（え）を　えらんで、
(　)に　記（き）ごうを　書（か）きましょう。

あゆ　こたつで　みかんを　食（た）べると　おいしいよ。

今年（ことし）も　みんなで　雪（ゆき）がっせんを　したいね。　さら

ア

イ

(　　　)

POINTは ココだよ!　2人が　すきな　きせつは　いつかな。

しつもんに　あう　絵（え）を　えらんで、
(　)に　〇を　書（か）きましょう。

1 秋（あき）の　田んぼ

ア

(　　　)

イ

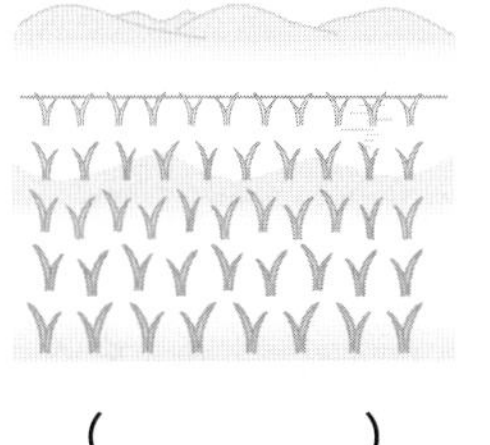

(　　　)

2 冬（ふゆ）の　タンポポ

ア

(　　　)

イ

(　　　)

2つの　絵（え）を　よく　見くらべて、ちがいを　さがそう。

こたえ 15 ページ

はっぴょう会で　つたえよう

話し合って　はっぴょうしよう

はっぴょう会を　します。話し方や　聞き方として
正しい　ものを　2つずつ　えらんで、
絵の　◌を　えんぴつで　なぞりましょう。

1 話し方

ア

下を　むいて
ゆっくりと　小さな
声で　話す。

イ

ていねいな
ことばづかいで
話す。

ウ

聞いて　いる
人の　ほうを
見ながら　話す。

2 聞き方

ア

話して　いる　人を
見ながら、しずかに
聞く。

イ

まわりの　人と
そうだんしながら
聞く。

ウ

うなずきながら
聞く。

どう　すれば　つたわるかな。理かいできるかな。

話し合いを　する　ときに　大切な　ことに　ついて　話して　います。(　)に　入る　ことばを　□から　えらんで　書きましょう。

せな
自分が
(①　　　　　　)
いる　ことを　はっきり
言う　ことが　大切だよ。

あゆむ
だれかが
(②　　　　　　)
いる　ときは　しっかり
聞くように　しよう。

ひなた
話し合いを　する
(③　　　　　　)を
きめて　おこうね。

話して
思って
めあて

い見を　出し合って、話し合う　ことが　大切だよ。

どんな　はっぴょうの　し方の　せつ明ですか。線で　つなぎましょう。

①
字が　読めない　小さい　子どもにも　きょうみを　もって　もらう　ことが　できる。

②
手に　とって、じっくり　読んで　もらう　ことが　できる。

㋐ パンフレット

㋑ げき

はっぴょうの　し方には　どんな　とくちょうが　あるかな。

Living Environment Studies

もうすぐ　3年生

2年生の　ときに　できた　ことは　ありますか。
絵(え)の　○を　えんぴつで　なぞりましょう。

あいさつを　する　こと。

朝(あさ)、自分(じぶん)で　おきる　こと。

友(とも)だちと　なかよくする　こと。

ものを　大切(たいせつ)に　する　こと。

たくさんの　本を　読(よ)む　こと。

1年生の　ときより　はやく　走(はし)る　こと。

2年生の　ときに　一番(いちばん)　楽(たの)しかった　ことを　書(か)きましょう。

この　1年を　ふりかえろう。

Living Environment Studies

なぞり書きの問題については、
こたえを省略している場合があります。

こくごの　こたえ

01 同じ　ぶぶんを　もつ　かん字　▶p.18-19

1 ①日　②子　③木

2 ①海・池　②教・数　③草・花

3 ①読　②話　③鳥　④鳴

かんがえかた

1 ほかにも　「口」・「名」や、「犬」・「大」など、同じ　ぶぶんを　もつ　かん字は　たくさん　あります。見つけて　みましょう。

2 ①「海」と　「池」は、どちらも　「水」に　かんけいの　ある　かん字です。
③「草」と　「花」は、どちらも　「しょくぶつ」に　かんけいの　ある　かん字です。

3 ①②「読」と　「話」は、どちらも　「ことば」に　かんけいの　ある　かん字です。
③④「鳴」は　「鳥などが　なく　こと」を　あらわした　かん字です。

02 かん字の　読み方　▶p.20-21

4 （○を　つける　もの）①ろう下
②川上　③引き分け

5 （○を　つける　ほう）
生まれ、細かく、入れる

6 ①新しい　②○　③明るい　④考え

かんがえかた

4 ①「下山」、「下校」、「ろう下」と　読みます。「下」には　ほかにも　「下」・「下げる」・「下る」・「下りる」などの　読み方が　あります。
②「川上」、「屋上」、「水上」と　読みます。「上」には　ほかにも　「上」・「上」・「上げる」・「上る」などの　読み方が　あります。
③「自分」、「引き分け」、「半分」と　読みます。

5 おくりがなに　よって　読み方が　かわる　かん字です。
「生」は、「生まれ（生まれる）」、「生き（生きる）」と　読みます。
「細」は、「細かく（細かい）」、「細く（細い）」と　読みます。
「入」は、「入る」、「入れる」と　読みます。

6 おくりがなを　まちがえやすい　かん字は、何ども　書いて　おぼえましょう。③「明るい」には　ほかにも　「明らむ」・「明ける」・「明く」・「明かす」など、たくさんの　読み方や　おくりがなが　あります。

03 かん字の　読み　書き①　▶p.22-23

7 ①ふね　②みち　③う　④かた
⑤どくしょ　⑥と　⑦ひろ　⑧がったい
⑨がようし　⑩くも

8 ①㋒　②㋑　③㋒　④㋐

9 ①船　②道　③広　④雲

かんがえかた

7 ⑧「ごうたい」と　読まないように　ちゅういしましょう。

8 ①㋐「かた」も　㋒「ほう」も　「方」の　読みです。文の　ないようから、どちらが　正しいかを　はんだんしましょう。
③「読書」は、「本を　読む　こと」と　いういみです。

9 ①書きじゅんを　まちがえないように、気を　つけましょう。四画目の　「丶」は　ななめに　書き、五画目の　たてせんは　まっすぐ　下に　おろします。
②「目」の　ぶぶんが　「日」に　ならないように　ちゅういしましょう。
④三画目は　下に　おろさずに　はらいます。「雨」と　ならないように　ちゅういしましょう。

04 丸・点・かぎ ▶p.24-25

❿

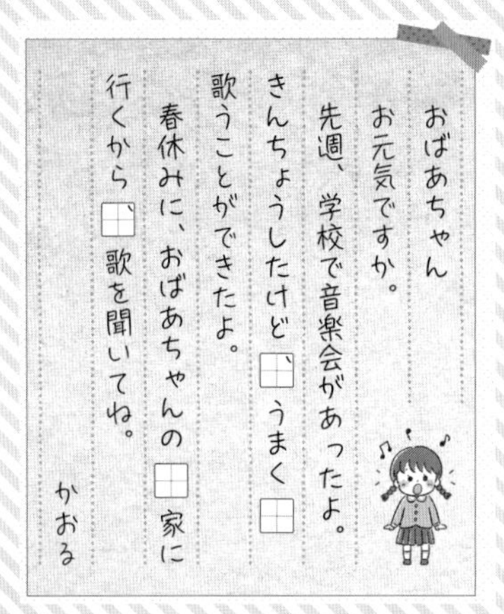
おばあちゃん
お元気ですか。
先週、学校で音楽会があったよ。
きんちょうしたけど、うまく□
歌うことができたよ。
春休みに、おばあちゃんの□家に
行くから、歌を聞いてね。
かおる

⓫ (○を　つける　人）ゆう

⓬ ①今日は、いしゃに行きます。
②今日、はいしゃに行きます。

かんがえかた

❿ 点は、文しょう中の　いみが　分かれる　ところに　うちます。声に　出して　読む　ときは、点の　ところで　ひといき　おくと、あい手に　つたわりやすく　なります。もんだいの　手紙を　読みながら、どこで　いきつぎを　すれば　わかりやすく　読めるかを　考えると　よいでしょう。

⓫ まいさんの　ことばは、「わたしは。」の「。」が　まちがいです。文の　とちゅうに　丸は　つきません。ひなたさんの　ことばの　おわりの　かぎは、話した　ことばの　あとに　入れるので、お父さんの　ことばの　さい後を、かぎ(」)で　とじます。「もう　行くぞ。」が、正しいです。また、文の　おわりは、丸(。)です。ゆうさんの　ことばのように、かぎは　会話いがいにも、本の　だい名などを　あらわす　ところにも　つかわれます。

⓬ 点を　つけると、「いしゃ」に　行くのか、「はいしゃ」に　行くのかが　わかります。

05 主語と　述語 ▶p.26-27

⓭ （しょうりゃく）

⓮ ①㋑　②㋐　③㋒　④㋓

⓯ ①おかしが　おいしそう
②妹が　くれたよ
③チョコは　５さいなんだ

かんがえかた

⓭ 主語と　述語は、「文の　ほね」と　よばれるほど、文の　中で　大切な　はたらきを　する　ことばです。
「だれが」は　「人」、「何が」は　「人いがい」を　さします。
「どうする」は　「うごきを　あらわす」　ことば、「どんなだ」は　「ようすを　あらわす」　ことば、「なんだ」は　「人や　もの（の名前）を　あらわす」　ことばです。

⓮ ①「兄」は　「人」を、「せん手」は　「人を　あらわす」　ことばです。
②「友だち」は　「人」を、「出かける」は　「うごきを　あらわす」　ことばです。
③「雪」は　「人いがい」を、「ふる」は　「うごきを　あらわす」　ことばです。
④「海」は　「人いがい」を、「青い」は　「ようすを　あらわす」　ことばです。

⓯ まずは　述語を　見つけます。述語は　ふつう　文の　さい後に　あります。主語は、「○○が」や　「○○は」の　形が　多い　ことも　おぼえて　おきましょう。また、「○○が」、「○○は」まで　線を　引く　ことにも　気を　つけましょう。
①述語は　「おいしそう」です。「おいしそう」なのは　「おかし」なので、主語は　「おかしが」です。
②述語は　「くれたよ」です。「くれた」のは　「妹」なので、主語は　「妹が」です。
③述語は　「５さいなんだ」です。「５さい」なのは　「チョコ」なので、主語は　「チョコは」です。

06 かん字の　読み　書き②　▶p.28-29

16 ①さと　②さくぶん　③ある　④ばあい
⑤ようび　⑥きょうかい　⑦い
⑧でんき　⑨た　⑩じかん

17 ①㋑　②㋒　③㋐　④㋒

18 ①日曜日　②教　③里
④行　⑤食　⑥時間

かんがえかた

16 ④「ばわい」と　読まないように　ちゅういしましょう。
⑦「行く」は、「い(く)」と　読みます。「行」には　ほかに　「こう」、「ぎょう」などの　読みが　あります。たとえば　「一行」は、「いっこう」と　「いちぎょう」の　２通りの　読み方が　あります。「いっこう」は、「いっしょに　行く　なかまたち」と　いう　いみです。

17 ③「場」には　ほかに　「場」と　いう　読みが　あります。「入場」「会場」などで　つかいます。
④「歩」には　ほかに　「歩く」「歩む」と　いう　読みが　あります。「歩」　は、「歩数」「歩道」などでも　つかいます。

18 ①「曜」は　２年生で　ならう　かん字の　中で、一番　画数の　多い　かん字の　ひとつです。書きじゅんを　まちがえないように、気を　つけましょう。
⑤三画目は、まっすぐ　たてに　書きます。「、」と　ならないように　ちゅういしましょう。
⑥「時」は、さい後の　「、」を　書きわすれないように　ちゅういしましょう。

07 なかまの　ことば　▶p.30-31

19 （しょうりゃく）

20 ①ーしょっき　②ーうごき
③ーお店

21 ①昼、夜　②きょう（今日）　③夏、冬

かんがえかた

19 絵の　人を　ぜんぶ　まとめて　いうと「かぞく」、「母」「父」を　まとめて　いうと「親」、「自分」「姉」「兄」「妹」「弟」を　まとめて　いうと　「子」です。そして、「姉」「兄」は　「自分」から　見て　年上の　「きょうだい」、「妹」「弟」は　「自分」から　見て　年下の　「きょうだい」です。みの回りに　ある　なかまの　ことばを、さがして　みましょう。

20 ①ほかにも「さら」、「はし」などが　あります。
②ほかにも　「書く」、「べんきょうする」、「帰る」など、たくさんの　ことばが　あります。
③ほかにも「スーパーマーケット」、「おもちゃや」などが　あります。

21 ①一日の　時間の　ながれを　あらわす　ことばです。
②日を　あらわす　ことばです。ほかにも「おととい」、「あさって」などが　あります。
③きせつを　あらわす　ことばです。春—夏—秋—冬の　きせつ　ぜん体を　あらわす、「春夏秋冬」と　いう　ことばも　あります。

08 かたかなの　ことば　▶p.32-33

22 (○を　つける　もの) ①ゆびわ
②きれい

23 (○を　つける　人) りの

24 かたかた・カタカタ
みるく・ミルク
にゃーお・ニャーオ

かんがえかた

22 ①「ゆびわ」は　「ゆびに　はめる　わ(リング)」の　ことで、日本で　できた　ことばです。
②鳴き声や　音を　あらわす　ことば、外国の　国や　人の　名前は　かたかなで　書きます。

23 「ぐらす」は　外国から　来た　ことばなので、かたかなで　書きます。
「おむれつ」は　外国から　来た　ことばなので、かたかなで　書きます。
「エジソン」は　外国の　人の　名前なので、かたかなで　書きます。

24 「かたかた」、「にゃーお」は、音や　鳴き声を　あらわす　ことば、「みるく」は　外国から　来た　ことばなので、かたかなで　書きます。

09 かん字の　読み　書き③　▶p.34-35

25 ①さんかく　②ごご　③らいてん
④うた　⑤とお　⑥まいにち
⑦そうげん　⑧がっか　⑨な　⑩かお

26 ①㋐　②㋑　③㋒　④㋑

27 ①遠足　②後　③原　④鳴　⑤来　⑥顔

かんがえかた

25 ③「占」の　ぶぶんが　「古」に　ならないよう　気を　つけましょう。
④五画目の　たてせんは　つきぬけません。書きじゅんに　気を　つけましょう。
⑥「毎」の　三～六画目を、「母」と　書かないように　ちゅういしましょう。
⑧「科」の　六、七画目の　点の　むきに　ちゅういしましょう。

26 ①「角」には　ほかに　「角」「角」と　いう　読みが　あります。「牛の　角」「まがり角」のように　つかいます。
②「毎」には　「その　たびに」と　いう　いみが　あります。「毎日」「毎年」「毎回」など、たくさんの　ことばが　あります。
③「歌」には　ほかに　「歌」と　いう　読みが　あります。「歌手」「校歌」などで　つかいます。

27 ①「遠」は　形や　書きじゅんを　まちがえやすい　かん字です。八画目の　たてせんは、はねずに　とめます。
③八画目の　たてせんは、はねます。
⑥「顔」は　２年生で　ならう　かん字の中で、一番　画数の　多い　かん字の　ひとつです。書きじゅんを　まちがえないように、気を　つけましょう。

10 にた　いみの　ことば　▶p.36-37

28 ①㋕　②㋓　③㋒　④㋔

29 ①ーもどる　②ーきれいな
③ーじゅんび

30 ①こしらえる、したてる
②まとめる、くくる　③た国、海外

かんがえかた

28 にた　いみの　ことばか　どうか、その　ことばの　かわりに　おきかえて　かくにんしましょう。

29 ②ほかに、どんな　ことばに　言いかえられるか　考えて　みましょう。

30 ①「したてる」は、とくに　いふくを　作るときに　つかいます。
②ほかにも、「ゆう」などが　あります。
③ほかにも、「い国」などが　あります。このように、にた　いみの　ことばは　たくさん　あります。どんな　ふうに　つかい分けるか　考えて　みましょう。

11 はんたいの　いみの　ことば
▶p.38-39

31 （しょうりゃく）
32 （〇を　つける　ほう）
かるい、かなしむ、つめたい
33 ①さむい　②ひくい

かんがえかた

31 「大きい」「小さい」、「前」「後ろ」のように、ことばには　はんたいの　いみを　もつものが　あります。また、一つの　ことばに　たいして、はんたいの　いみの　ことばが　いくつか　ある　ことも　あります。

32 「やさしい」には、「かんたん」と　「思いやりが　ある」の　二つの　いみが　あります。この　文に　合った　いみを　考えましょう。

33 ①「あつい」の　はんたいには　「つめたい」「さむい」「うすい」が　ありますが、ここでは　「気おんが　ひくい」という　いみの「さむい」が　正しいです。
②「高い」の　はんたいには　「やすい」「ひくい」が　ありますが、ここでは　「地めんから　近い　いちに　ある」と　いう　いみの　「ひくい」が　正しいです。

12 かん字の　読み　書き④
▶p.40-41

34 ①てんとう　②くろ　③なお　④こた
⑤しつがい　⑥しゃかい　⑦こうえん
⑧とお　⑨にんげん　⑩ちょうぶん
35 ①㋐　②㋑　③㋑　④㋒
36 ①黒　②直　③間　④会　⑤通　⑥店

かんがえかた

34 ⑦「園」は、形や　書きじゅんを　まちがえやすい　かん字です。同じ　ぶぶんを　もつ　「遠」と　あわせて　かくにんしましょう。
⑧「とうす」と　書かないように　しましょう。
⑩「長」は、書きじゅんを　まちがえやすいかん字です。また、「[illegible]」の　ぶぶんが　「[illegible]」と　ならないように　気を　つけましょう。

35 ④「長」と　いう　かん字には、「多くの人の　上に　立つ　人」と　いう　いみもあります。「校長」「いいん長」などの　「長」は、この　いみです。

36 ②「目」の　ぶぶんが　「日」と　ならないように　気を　つけましょう。
③にて　いる　かん字の　「門」・「聞」などと　まちがえないように　ちゅういしましょう。

13 しめす　ことば
▶p.42-43

37 （〇を　つける　ことば）
①どの　②あの　③この　④その
38 （〇を　つける　人）ひまり、あおい
39 ①あそこ　②どれ　③その

かんがえかた

37 しめす　ことばには、ほかに　「これ・それ・あれ・どれ（ものを　しめす）」「ここ・そこ・あそこ・どこ（場しょを　しめす）」「こちら・そちら・あちら・どちら（方こうを　しめす）」などが　あります。

38 まおさんは、正しくは、「この　色」です。
みゆうさんは、正しくは、「そこに　あるジュース」です。

39 ③「その　（ネクタイ）」は、「わたしが　お父さんに　えらんだ　（ネクタイ）」を　さします。
このように、しめす　ことばには　文しょう中の　ことばを　しめす　ものも　あることを　おぼえて　おきましょう。

14 ようすを　あらわす　ことば　▶p.44-45

40 （しょうりゃく）
41 ①ーきらきら　②ーわくわく
③ーすやすや
42 ①ぽかぽか　②わたがし　③しずかな
④おいしい

かんがえかた

40 ①「わいわい」は、にぎやかな　ようすを　あらわす　ことばです。
④「すいすい」は、かろやかに　うごく　ようすを　あらわす　ことばです。

41 ①「ぎらぎら」は、「太ようが　ぎらぎら　光る」のように　つかいます。
②「ころころ」は、「小石が　ころころ　ころがる」のように　つかいます。
③「がやがや」は、「外が　がやがや　さわがしい」のように　つかいます。

42 ②「○○みたい」・「○○のような」などの　たとえる　ことばを　つかって、ようすを　あらわす　ことが　あります。ここでは、「雲」を　「わたがし」に　たとえて　います。

15 かん字の　読み　書き⑤　▶p.46-47

43 ①ばしゃ　②かぜ　③か　④した
⑤おんがく　⑥ちり　⑦いえ　⑧げんき
⑨じんたい　⑩まえ
44 ①ウ　②ア　③イ　④ウ
45 ①馬　②体　③風　④元気　⑤楽　⑥家

かんがえかた

43 ①「馬」は、書きじゅんを　まちがえやすい　かん字です。「『たて→よこ→たて→よこ』の　じゅんに　書く」と　おぼえましょう。
③「罒」の　ぶぶんが　「四」と　ならないように　気を　つけましょう。
④にて　いる　かん字　「新」と　まちがえないように　気を　つけましょう。
⑨「体」は、にて　いる　かん字の　「休」と　まちがえないように　気を　つけましょう。

44 ①「親」には　ほかに　「親」と　いう　読みが　あります。「親友」「肉親」などで　つかいます。
②「買」には　ほかに　「買」と　いう　読みが　あります。「売買」などで　つかいます。

45 ③三画目の　「ノ」を　書きわすれないように　気を　つけましょう。
⑤「冫」の　ぶぶんが　「フ」と　ならないように　気を　つけましょう。
⑥形や　書きじゅんを　まちがえやすい　かん字です。何ども　れんしゅうしましょう。

さんすうの　こたえ

01 ひょうと　グラフ ▶p.50-51

1 ①

おかしの　数しらべ

おかし	ケーキ	プリン	アイス	ドーナツ
こ数(こ)	4	6	3	5

②

おかしの　数しらべ

	○		
	○		○
○	○		○
○	○	○	○
○	○	○	○
○	○	○	○
ケーキ	プリン	アイス	ドーナツ

2 ①3　②(○で　かこむ　もの)ねこ

3 ①黄色　②2

かんがえかた

1 ①数えまちがいが　ないように、しるしを　つけながら　数えて　いきましょう。

②①の　ひょうの　数だけ　○を　かきます。下から　じゅんに　かきましょう。

2 ①グラフの　うさぎの　○を　数えます。

②○が　多いほど、すきな　人の　数が　多く　なります。

3 ①○が　少ないほど、すきな　人の　数が　少なく　なります。

②赤と　青の　○の　ちがいは　2こです。

02 時こくと　時間 ▶p.52-53

4 ①17　②2

5 ①60　②24　③12、12

④5、40　⑤7、50

6 ①午前7時　②午後3時50分

かんがえかた

4 ①家を　出たのが　9時、公園に　ついたのが　9時17分だから、かかった　時間は　17分です。

②公園に　ついたのが　9時17分、公園を　出たのが　11時17分だから、かかった　時間は　2時間です。

5 ①長い　はりが　ひとまわりする　時間が　1時間です。

②③1日は　午前12時間と　午後12時間だから、あわせて　24時間です。

④20分と　20分で　40分だから、5時20分の　20分あとは、5時40分です。

⑤長い　はりが　ひとまわり　もどった　時こくを　考えます。

6 ①時計は　7時を　さして　いて、朝なので、午前です。

②時計は　3時50分を　さして　いて、夕方なので、午後です。

03 たし算の　ひっ算① ▶p.54-55

7 ①

②

	4	5
+	2	7
		2

▶

	4	5
+	2	7
	7	2

8 (○で　かこむ　もの)①87　②61　③40

9 ①46　②67　③88　④65　⑤71　⑥40

かんがえかた

7 ①一のくらいから　じゅんに　計算しましょう。

$$\begin{array}{r} 32 \\ +14 \\ \hline 46 \end{array}$$

②くり上げた　1を　わすれないように　計算しましょう。

$$\begin{array}{r} {}^{1}45 \\ +27 \\ \hline 72 \end{array}$$

8 ①

62
＋25
87

②

1 37
＋24
61

③

1 21
＋19
40

9 ④一のくらいは　7＋8＝15
十のくらいは　くり上げた
1とで　1＋5＝6

1 57
＋ 8
65

⑥一のくらいは　6＋4＝10
十のくらいは　くり上げた
1とで　1＋3＝4

1 6
＋34
40

04 ひき算の　ひっ算①　▶p.56-57

10 ①

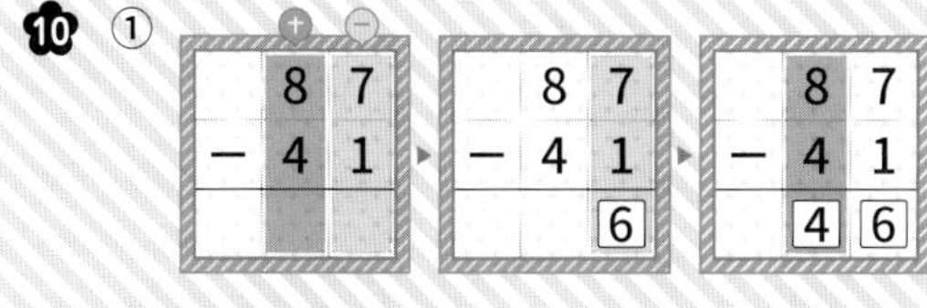

②

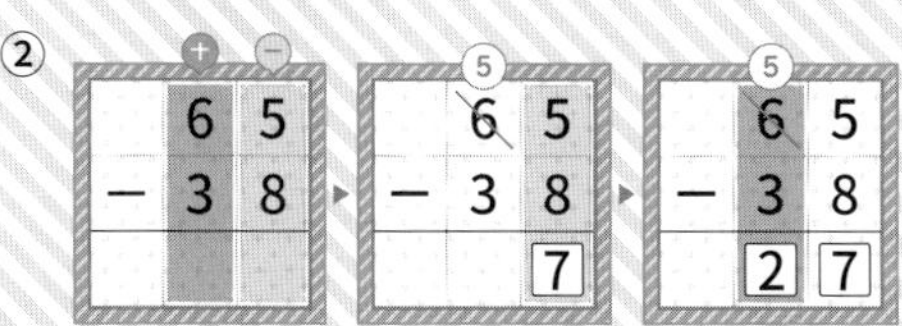

11 (〇で　かこむ　もの)① 37　② 55　③ 50

12 ① 24　② 7　③ 17　④ 47　⑤ 17　⑥ 52

かんがえかた

10 ①一のくらいから　じゅんに
計算(けいさん)しましょう。

87
－41
46

②1　くり下げるのを
わすれないように
計算しましょう。

5 ~~6~~5
－38
27

11 ①

58
－21
37

②

8 ~~9~~1
－36
55

③

73
－23
50

12 ④一のくらいは
十のくらいから　1
くり下げて　10－3＝7
十のくらいは　6－2＝4

6 ~~7~~0
－23
47

⑤一のくらいは
十のくらいから　1
くり下げて　14－7＝7
十のくらいは　1

1 ~~2~~4
－　7
17

05 100を　こえる　数　▶p.58-59

13 ① 24　② 2　③ 246

14 ① 360、376　② 550、780

15 ① 130　② 120　③ 70　④ 50
⑤ 700　⑥ 1000　⑦ 300　⑧ 600

かんがえかた

13 10の　まとまりを　つくって　数(かぞ)えます。
②10の　まとまりが　10こで　100です。
10の　まとまりが　24こだから、
100の　まとまりが　2こと
10の　まとまりが　4こに　なります。
③100の　まとまりが　2こ、
10の　まとまりが　4こと
6を　あわせて、246こです。

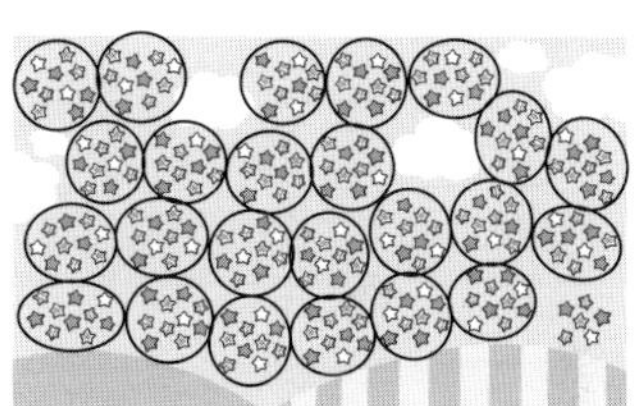

14 ①370と　380の　間(あいだ)が　10目もりなので、
1目もりの　大きさは　1です。
②500と　600の　間が　10目もりなので、
1目もりの　大きさは　10です。

15 10の　まとまりや、100の　まとまりに
して　考(かんが)えます。
①10の　まとまりが　6こと
10の　まとまりが　7こを
あわせて、
10の　まとまりが　13こ　できます。
100の　まとまりが　1こと
10の　まとまりが　3こに　なるので、
60＋70＝130です。
⑥100の　まとまりが　10こで
1000に　なります。

06 長さ・かさ ▶p.60-61

⑯ ①㋐5、7　㋑3、2
②㋐2、1　㋑1、3　㋒60

⑰ ①60　②7　③30　④9000　⑤400

⑱ ①7cm　②6cm7mm
③5mm　④5cm5mm
⑤3L6dL　⑥7L9dL
⑦9L2dL　⑧5L1dL

かんがえかた

⑯ ①小さい　1目もりが　1mm、
大きい　1目もりが　1cm です。
② 1L=10dL、1dL=100mL です。

⑰ ① 1cm は　10mm です。
② 10mm は　1cm です。
③ 1L は　10dL です。
④ 1L は　1000mL です。
⑤ 1dL は　100mL です。

⑱ ②④ mm どうしで　計算(けいさん)しましょう。
⑤ L どうしで　計算しましょう。
⑥⑦⑧ dL どうしで　計算しましょう。

07 たし算の　ひっ算② ▶p.62-63

⑲ ①

②

⑳ (○で　かこむ　もの)① 115　② 161
③ 100

㉑ ① 137　② 105　③ 140
④ 102　⑤ 104　⑥ 681

かんがえかた

⑲ ①十のくらいから
百のくらいに　1
くり上げましょう。

93
+46
139

②十のくらいの　計算に
気(き)を　つけましょう。

1 　37
+84
121

⑳ ①

34
+81
115

②

1 　86
+75
161

③

1 　67
+33
100

㉑ ④一のくらいは　4+8=12
十のくらいに　1　くり上げます。
十のくらいは　くり上げた
1とで　1+8+1=10
百のくらいに　1　くり上げます。

1 　84
+18
102

⑥一のくらいは　5+6=11
十のくらいに　1　くり上げます。
十のくらいは　くり上げた
1とで　1+4+3=8

1 645
+ 36
681

08 ひき算の　ひっ算② ▶p.64-65

㉒ ①

②

㉓ (○で　かこむ　もの)① 71　② 28　③ 90

㉔ ① 84　② 89　③ 60　④ 68　⑤ 38　⑥ 508

かんがえかた

㉒ ①一のくらいから　じゅんに
計算しましょう。
ひき算(さん)できない　ときは
1つ　上の　くらいから
1　くり下げます。

2 1 ~~3~~ 8
− 59
79

②十のくらいが　0で
くり下げられないので、
百のくらいから　1
くり下げます。
十のくらいは　10から　1
くり下げる　ことに　なるので、
くり下げた　あとは　9と　なります。

9
102
−　67
35

23 ①

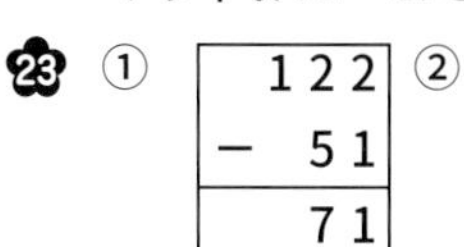

122
−　51
71

②

9
106
−　78
28

③

143
−　53
90

24 ④百のくらいから　1
くり下げます。
一のくらいは
十のくらいから　1
くり下げて　17−9=8
十のくらいは　9−3=6

9
107
−　39
68

⑥一のくらいは
十のくらいから　1
くり下げて　12−4=8
十のくらいは　3−3=0
百のくらいは　5

3
542
−　34
508

09 たし算と ひき算・しきと 計算　▶p.66-67

25 ①6、20、22　②2、13、15
26 ㋑
27 ①=　②<　③>　④<　⑤=　⑥<

かんがえかた

25 ①8を　6と　2に　分けて　計算します。
②22を　20と　2に　分けて　計算します。

26 14+(3+7)は、はじめに　3+7の　計算を　します。
14+10=24だから、この　もんだいの　答えは　24人です。
(　)を　つかうと、入って　来た　子どもの　人数を　まとめて　たす　しきに　かく　ことが　できます。

27 (大きい　数)>(小さい　数)、
(小さい　数)<(大きい　数)と
あらわします。
①30+40=70だから、同じ　大きさです。
②80−20=60だから、
50の　方が　小さいです。
⑤たす　じゅん番が　ちがっても、
答えは　同じに　なります。

10 かけ算　▶p.68-69

28 ①㋒　②㋐　③㋑
29 ①6　②15　③48　④7
⑤27　⑥28　⑦3　⑧30
30

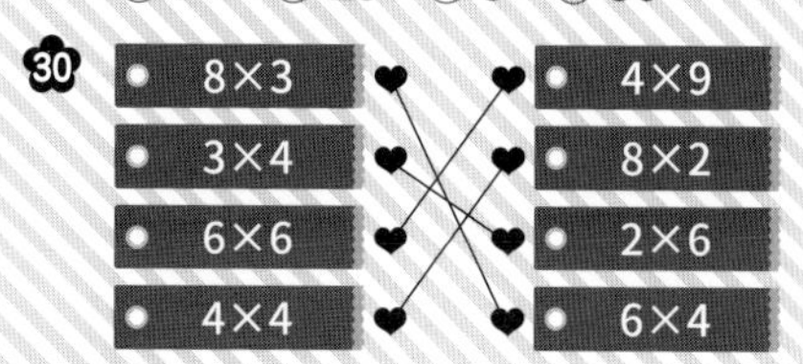

かんがえかた

28 ①㋐は　2この　3つ分、
㋑は　3この　3つ分、
㋒は　3この　2つ分を
あらわして　います。
②㋐は　6この　2つ分、
㋑は　4この　3つ分、
㋒は　2この　6つ分を
あらわして　います。
③㋐は　5人の　3つ分、
㋑は　5人の　4つ分、
㋒は　4人の　5つ分を
あらわして　います。

29 1のだんから　9のだんまでの　九九を　声に　出して　おぼえましょう。

30 8×3=24　4×9=36
3×4=12　8×2=16
6×6=36　2×6=12
4×4=16　6×4=24
です。

11 三角形と　四角形 ▶p.70-71

31 ①三角形…㋐、㋔
　四角形…㋒、㋕
②3、3、4、4

32 長方形…㋐　正方形…㋔
直角三角形…㋓

33 ①　②

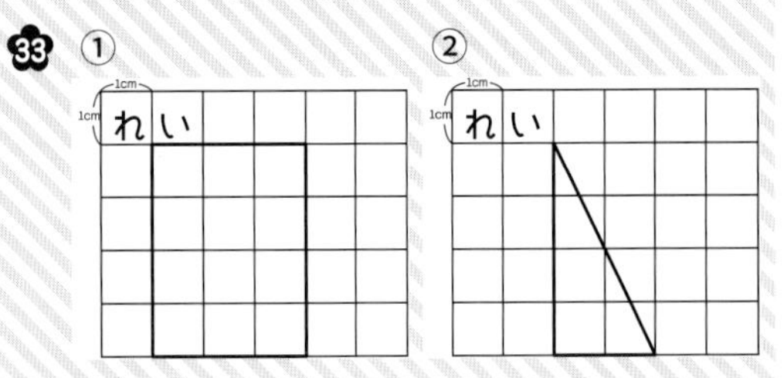

かんがえかた

31 3本の　直線で　かこまれて　いる　形を三角形、4本の　直線で　かこまれて　いる　形を　四角形と　いいます。

32 長方形は、かどが　みんな　直角に　なって　いる　四角形です。長方形の　むかいあう　2つの　辺の　長さは　同じです。
正方形は、かどが　みんな　直角で、辺の　長さが　みんな　同じ　四角形です。
直角三角形は、1つの　かどが　直角に　なって　いる　三角形です。

33 先に、辺の　長さに　あうように　ちょう点を　かき、ちょう点どうしを　直線で　むすびましょう。

12 九九の　きまり ▶p.72-73

34 2、5、かけられる

35

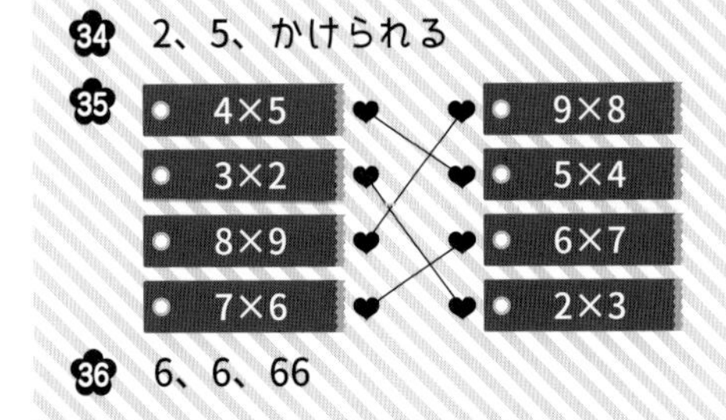

36 6、6、66

かんがえかた

34 かける数が　1　ふえると、答えは　かけられる数だけ　ふえます。

35 かけられる数と　かける数を　入れかえても　答えは　同じに　なります。

36 6×11は　6が11こだから、6が　10こと　1こと　考えても　よいです。
6が　10こで　60、6が　1こで　6なので、6×11は　60+6で　計算できます。

13 100cmを　こえる　長さ ▶p.74-75

37 ①cm　②m　③mm　④m　⑤cm

38 ①137　②6　③2、40　④570　⑤304

39 ①4m70cm　②7m20cm　③3m50cm
④2m40cm　⑤6m(600cm)

かんがえかた

37 mm、cm、mの　中から、ちょうど　よい　たんいを　えらびましょう。
①えんぴつの　長さは、
16mmだと　みじかすぎます。
16mだと　長すぎます。

38 1m=100cmを　もとに　して　考えます。
①1mは　100cmだから、
100cmと　37cmで　137cmです。
②100cmは　1mだから、
600cmは　6mです。
③240cmは　200cmと　40cmだから、
2mと　40cmです。
④5mは　500cmだから、
500cmと　70cmで　570cmです。
⑤3mは　300cmだから、
300cmと　4cmで　304cmです。

39 同じ　たんいどうしを　計算します。
①10cm+60cm=70cmだから、
4m10cm+60cm=4m70cmです。
③80cm−30cm=50cmだから、
3m80cm−30cm=3m50cmです。
④5m−3m=2mだから、
5m40cm−3m=2m40cmです。

14 1000を　こえる　数　▶p.76-77

㊵ 5、7、3、8、5738、3916、1251

㊶ ① 900　② 80、9、89

㊷ ① 100　②㋐ 7500　㋑ 8700

かんがえかた

㊵
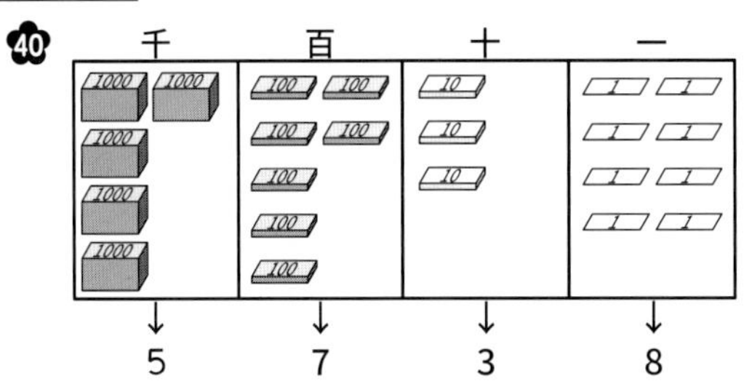

五千七百三十八は、千のくらいが　5、百のくらいが　7、十のくらいが　3、一のくらいが　8に　なります。

㊶ ① 8900は　8000と　900を　あわせた数です。

② 1000は　100を　10こ　あつめた数だから、8000は　100を　80こ　あつめた　数です。

㊷ ① 6000と　7000の　間は　10目もりだから、1目もりの　大きさは100です。

15 はこの　形・分数　▶p.78-79

㊸ ①㋑

②辺…12　ちょう点…8

㊹ ①$\frac{1}{3}$　②$\frac{1}{2}$　③$\frac{1}{4}$

㊺
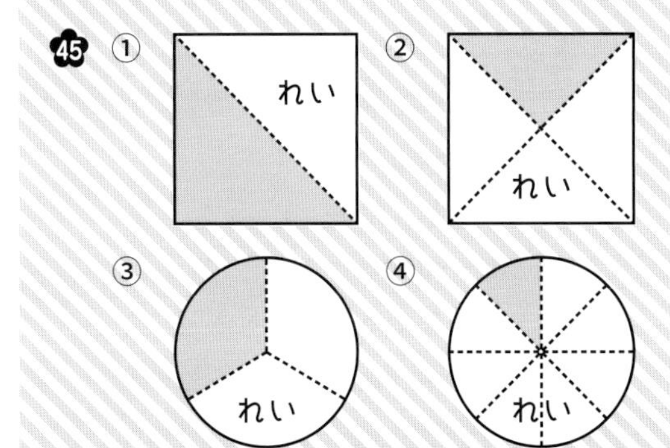

かんがえかた

㊸ はこの　形には、面が　6つ、辺が　12、ちょう点が　8つ　あります。
じっさいに　数えて　みましょう。

㊹ ②もとの　大きさを　同じ　大きさに　2つに　分けた　1つ分を　$\frac{1}{2}$と　あらわします。

㊺ もとの　大きさが　同じ　大きさに分けられて　います。
① 2つに　分けた　1つ分をぬりましょう。

せいかつの　こたえ

01 野さいを　そだてよう①　▶p.82-83

1. ①ピーマン　②サツマイモ　③キュウリ　④ナス　⑤トマト
（色ぬりは　しょうりゃく）
2. ①や　②さ　③い
3. ①いおり　②あさひ

かんがえかた

1. ふだん　食べて　いる　野さいを　思い出して、合う　色で　ぬりましょう。
2. なえの　大きさに　合わせて　あなを　ほります。ねを　きずつけないように、そっと　なえを　うえましょう。うえた　あとは、土を　強く　おさえつけないようにちゅういします。
3. ほそ長い　形を　した　①は、トウモロコシの　はっぱです。②は、ピーマンのはっぱです。はっぱの　形に　ちゅう目しましょう。

02 野さいを　そだてよう②　▶p.84-85

4. ①（◌を　なぞる　ほう）㋐
②（◌を　なぞる　ほう）㋑
5. まお
6. （○を　書く　もの）㋐

かんがえかた

4. ①わきめに　えいようを　とられないように、つみとって　おきます。
②野さいを　そだてる　ときは、日当たりの　よい　場しょに　おき、土が　かわく　前に　水を　やりましょう。
5. はっぱが　出て　花が　さき、その　あとに　みが　できます。これは、キュウリや　ナス、ピーマンなども　同じです。
6. キュウリは　黄色の　花を　さかせます。㋑は　アサガオ、㋒は　トウモロコシの花です。

03 町たんけんに　行こう　▶p.86-87

7.

交通ルール、あんぜんに

8. ①㋑　②㋒　③㋐
9. （×を　書く　もの）㋒

かんがえかた

7. 交通ルールを　まもって、あんぜんに　町たんけんを　しましょう。また、お店の人や　まわりの　人の　めいわくに　ならないように　行どうしましょう。
8. ①しょうぼうしょでは、火じの　ときに火を　けしたり、びょう人や　けが人をびょういんに　はこんだり　する　人などが　はたらいて　います。
②スーパーでは、しなものを　ならべる人や　レジで　会計を　する　人などが、はたらいて　います。
③交番では、町の　あんぜんを　まもるけいさつかんが　はたらいて　います。
9. ㋐図書かんの　本を　かりるには、かし出しカードが　ひつようです。
㋑本が　見つからない　ときは、コンピュータを　つかって　さがしたり、し書の　人に　たずねたり　すると　よいです。
㋒図書かんで　かりられる　本の　さっ数や　日数には、ルールが　あります。

04 どんな　生きものが　見つかるかな　▶p.88-89

⑩ （しょうりゃく）
⑪ ひかる
⑫

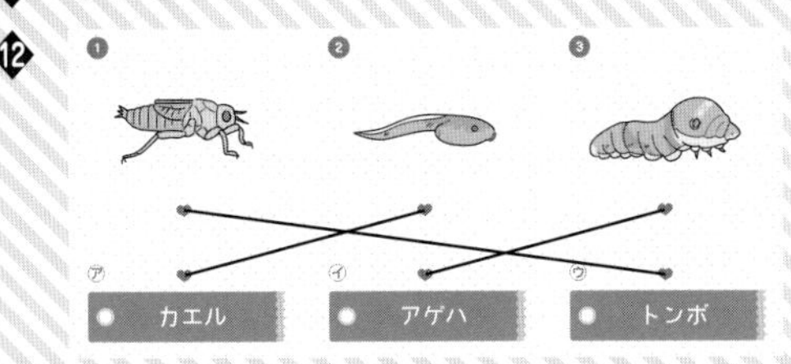

かんがえかた

⑩ ①ダンゴムシは、石や　おちばの　下などに　いる　ことが　多いです。
②クワガタは、じゅえきが　出る　木に　います。
③メダカは、池や　ながれが　おだやかな　川などに　すんで　います。
④バッタは、草むらに　いる　ことが　多いです。

⑪ ミカンや　サンショウなどの　はっぱを　えさとして　入れます。かれないように、水を　入れた　びんなどに　えだを　さして　おきます。

⑫ ①トンボの　よう虫を　やごと　いいます。やごは　水の　中で　生活して　います。
②おたまじゃくしが　そだつと　足が　出て、しっぽが　なくなり、カエルの　すがたに　なります。
③アゲハの　よう虫です。体は　みどり色で、まだ　とぶ　ことは　できません。

05 おもちゃを　作ろう　▶p.90-91

⑬ ①㋒　②㋓　③㋐　④㋑
⑭

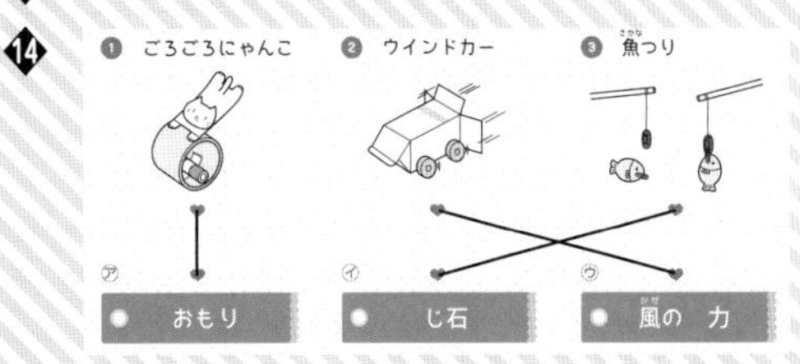

⑮ ゆづき

かんがえかた

⑬ ①カッターナイフは、はを　紙などに　当てて　切る　道ぐです。はが　通る　ところに　手を　おいては　いけません。
②せっちゃくざいは、のりよりも　くっつく　力が　強いので、手などに　つけないように　気を　つけましょう。
③糸などを　通す　あなを　あけたい　ときは、千まい通しを　つかいます。
④クレヨンは、絵を　かく　ときなどに　つかう　道ぐです。

⑭ ①中に　入れた　おもりに　よって、前後に　うごく　おもちゃです。
②広げた　紙が　ヨットの　ほのように　風を　うけて、前へ　すすみます。
③紙に　つけた　クリップが　じ石に　くっつく　力を　つかって、魚を　つり上げます。

⑮ 紙コップを　遠くへ　とばすには、ゴムの　力を　強く　すると　よいです。ゴムを　へらしたり　ゆるめたり　すると、力が　弱く　なり、遠くへは　とばせません。

06 きせつだより　▶p.92-93

⑯ ①○　②○　③△　④△　⑤△
⑥○　⑦○　⑧○　⑨△
⑰ ㋑
⑱ ①（○を　書く　もの）㋐
②（○を　書く　もの）㋑

かんがえかた

⑯ ①ヒマワリは、夏に　花が　さきます。
②③トンボは、夏から　秋に　見られます。シオカラトンボは、夏に、アキアカネは　秋に　見られる　トンボです。
④キンモクセイは、秋に　だいだい色の花を　さかせます。かおりが　するのもとくちょうの　1つです。
⑤秋に　なると、コオロギの　鳴き声を聞く　ことが　できます。
⑥カブトムシは、夏に　見る　ことが　できる　虫です。
⑦アジサイの　花は、夏の　はじめ（つゆの　ころ）に　見られます。
⑧アサガオは、夏の　早朝に　さきます。
⑨マガモは、冬の　みずうみや　川などで見られる　鳥です。

⑰ 2人は　冬の　話を　して　います。㋐は夏の　すいかわり、㋑は　冬の　たこあげの　絵です。

⑱ ①田んぼには　イネが　うえられて　います。イネは　春に　なえを　うえ、秋にみのった　米を　しゅうかくします。
②タンポポは、はっぱだけに　なって　冬を　こします。

07 はっぴょう会で　つたえよう　▶p.94-95

⑲ ①（◌を　なぞる　もの）㋑、㋒
②（◌を　なぞる　もの）㋐、㋒

⑳ ①思って　②話して　③めあて

㉑

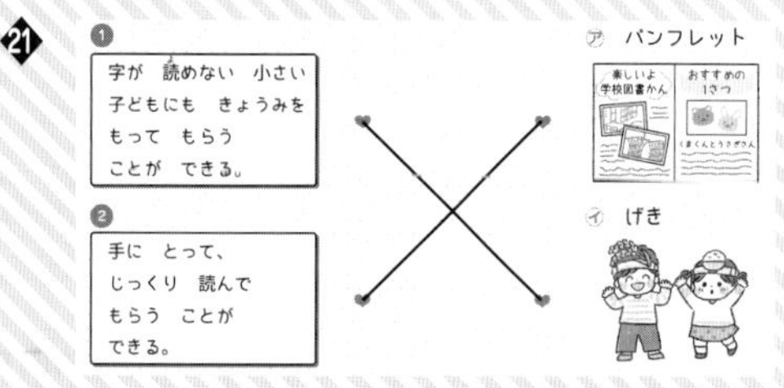

かんがえかた

⑲ ①みんなの　ほうを　見ながら、ていねいな　ことばづかいで　聞こえるように　話しましょう。
②話して　いる　人に　ちゅう目し、話をよく　聞きましょう。しつもんが　あれば、はっぴょうが　おわってから　します。

⑳ ①自分が　思って　いる　ことを　しっかり　つたえるように　しましょう。
②人の　い見を　しっかり　聞いて、どんな　ことを　言って　いるのかを　理かいしましょう。
③何に　ついて　話し合うのか、めあてをきめて　おくように　します。

㉑ だれに　何を　どのように　つたえたいかに　よって、はっぴょうの　し方を　えらびます。小さな　子に　わかりやすく　つたえるには、紙しばいや　げきが　よいです。くわしく　書いたり　じっくり　読んで　もらったり　するには、パンフレットや　新聞などに　すると　よいです。

08 もうすぐ　3年生　▶p.96

㉒（しょうりゃく）

かんがえかた

㉒ 1年間で　どんな　ことが　できるようになりましたか。思い出して、文しょうにまとめましょう。